実録 北朝鮮の性

鄭《チョン》 成《ソン》山《サン》

祥伝社黄金文庫

はじめに

陰気な潮風が吹きすさぶ中国のとある港町の人気のない倉庫の片隅で、僕は手榴弾《しゅりゅうだん》をしっかりと握りしめていた。北朝鮮を脱出した年の、十二月のことである。

中国当局に捕まりそうになったらまず自分の顔をつぶす……身元がバレたときに、僕の罪の被害が一族に及ばないための、せめてもの配慮である。

幸い僕は、顔も五体も満足なまま、韓国に逃れることができた。

が、僕の家族や友達、恋人は、いまだに牢獄のようなあの国で捕らわれの身となっている……。

韓国に亡命して、約一年が過ぎた。

この一年というもの、僕の毎日は驚きの連続だった。

北緯38度の境界線の向こう側とこちら側、ただそれだけのことで天国と地獄、うららかな春と厳寒の真冬にもまさる違いがあろうとは……！

韓国では米が食べられる。

音楽が聴ける。

新品のパンツがはける。

入党するために盗みをしたり、わずかな肉のために体を売ったり、強制労働区へ追放されないかと四六時中おびえて暮らす必要がない。

それに何より、ここでは、性を謳歌《おうか》することができるのだ!

この本を読んで、皆さんはきっと笑うだろう。

ジョークだと思うかもしれない。

しかし、これはジョークでもなければ作り話でもない。北朝鮮の現実だ。

韓国で出版された僕の本が日本にも紹介されることになって本当にうれしい。

どうか日本の皆さん、腹を抱えて笑ってくれ。

そして、心おきなく笑ったあとには、同じアジアに住む隣人たちの悲惨な現実を、ほんの少しでも心に留めてもらいたい。

僕が見捨ててしまった祖国の同胞たちにとって、この本が笑い話の種となる日が一日も早くくることを祈って……。

鄭　成山

目次

第二章　へその緒を食い、母乳を飲む男たちの性欲……65

写真協力　共同通信社

第一章　平壌の娼婦、火線入党物語

平壌《ピョンヤン》の娼婦たち

北朝鮮にも娼婦がいるのだろうか。

よくそんな質問をされる。

基本的には「いません」と答えるべきだろう。資本主義社会では性文化が開放されているから、職業としての娼婦がいてもおかしくないが、北朝鮮では、セックスは公《おおやけ》には忌《き》避《ひ》されている。

ところが実際には、北朝鮮にも隠蔽《いんぺい》されている娼婦組織がある。

金日成《キムイルソン》親子や党の幹部たちに仕えてきた北朝鮮特有のキーセン（芸者）の集団、いわゆる「キプム組（キプムは悦びという意味）」があるのは周知の事実。このキプム組については、ご存じの方も多いはずだ。

ここでは、キプム組以外の、北朝鮮の娼婦組織について詳しく説明しよう。

まず、平壌には、ふたつの娼婦組織がある。

そのひとつは党から認められた娼婦組織だ。「外貨獲得突撃隊」とか「奉仕員」とか「接待員」と呼ばれる彼女たちは、平壌の高級ホテルで、職業として体を売る。

彼女たちの多くは平壌にある資本主義ホテルのアンサンホテル、ボトンガンホテル、ヤンガクドホテルなどに配置され、外国人を相手に身を売って外貨を儲《もう》け、党に貢献している。

彼女たちは外国語大学、あるいは外国語専門学校を出て、平壌ジャンチョルグ大学（商科部）で対外奉仕資格証を得た二〇代半ばの女性たちで、容貌、性病などの身体検査、素性党性などを調べた後、採用される。

採用されるとダンスをマスターし、ポップスやブルース、クラシックなどの音楽に親しみ、資本主義的人間に見えるように作り変えられる。

しかし思想だけは、党の思想に透徹《とうてつ》していなければ、長く勤めることはできない。

彼女たちはまた専門的なセックス訓練を受ける。そのため、どこの国の売春婦よりも、完璧なセックステクニックを身につけている。

彼女たちが稼ぐ外貨は一回につき八～一〇ドル。日本円で一〇〇〇円相当の金額だ。しかしサービスの内容によっては、さらに高額の金を儲けることもできる。

とはいえ、稼いだ外貨はすべて、党の外貨資金として納めなければならない。彼女たちの懐《ふところ》に入る給料は、月に六ドルほどだ。

それでも北朝鮮の六ドルは相当な金額である。

外貨稼ぎがおもしろくなった彼女たちは、外国人の財布のヒモをゆるめるために、あらゆる変態行為、サービスを惜しまない。

しかも、どのくらい多くの外貨を外国人から絞り上げられるかによって、党員になれるかなれないかが決まり出世にも影響するから、彼女たちは外貨獲得に血眼《ちまなこ》になっている。

さて、もうひとつの組織は、外交部とか対外奉仕部の仲介によって一時的に身を売る娼婦たちの組織である。

彼女たちは主に平壌音楽舞踊大学とか、外国語大学、軽工業大学、芸術大学、または芸術団とか外貨商店、招待所、外貨食堂などの大学あるいは企業に籍をおく一般の女性で、容貌がきわだって良いために斡旋《あっせん》され、その都度駆りだされて身を売っている。

このような組織が生まれたきっかけは、外交部や対外奉仕部などの招請《しょうせい》で北朝鮮を訪れた外国人たちが、滞在中に女を欲しがり、直訴したからだ。

今では外国人が女を要請すると、斡旋者はここぞとばかり金を要求し、前もって登録済の「にわか娼婦」を呼び寄せる。

この場合相場は決まっておらず、斡旋人が外国人に要求する値段もまちまちだ。しかし金さえ出せば、その女性との同棲も許されるし、カモフラージュのための裏工作も斡旋者が引き受けてくれる。

皮肉なことに、他国で娼婦といえば、堕落の響きがあるが、北朝鮮では反対に最高位の仕事に属するのだ。

外貨と引換えとあらば、自分の腎臓まで取り出して与えるほどの北朝鮮人にとって、娼婦たちの贅沢《ぜいたく》な生活は羨望《せんぼう》の的。一般の店では買うこともできず、見ることさえできないような品物が、外貨商店には山ほど積み上げられている。外貨こそまさに生き甲斐《がい》、未来への希望……それが北朝鮮の実態なのである。女性の操《みさお》などものの数ではないのだ。

しかしここにひとつの落とし穴がある。実際には北朝鮮の娼婦たちの生活は、見た目ほど華やかではないのだ。

党公認の「外貨獲得突撃隊」の女性たちは、徹底的に性病検査を受けさせられる。売春の相手も、海外の国賓《こくひん》級の人々である。

しかし、もう一方の斡旋者に頼る非公認組織の女性たちは、ほとんどが外国人の色情狂が相手。肉体は酷使され、体力を消耗するような過激な性行為が行われるのが日常茶飯事《にちじようさはんじ》である。

それだけではない。「金日成万歳、金正日《キムジヨンイル》万歳」と唱える相手なら、黒人でもユダヤ人でも中国人でもロシア人でも日本人でも、相手を選ばず体を開かなければならない。

しかも、北朝鮮でもすでにエイズ患者が発生。エイズで命を落とした者がいるのは対外的には秘密となっている。にもかかわらず、外国人誘致策を奨励する北朝鮮当局は、相手がエイズ患者であれ何であれ、外貨獲得さえできればおかまいなし。

平壌の娼婦たちは、エイズの危険にさらされながら、わずかな外貨のために美しい肉体を提供しなければならない。

これが、貧困にあえぐ北朝鮮の実態なのである。

金正日総書記の誕生日を祝う人たち
（2007年２月16日。後ろは故金日成の銅像）

刑務所の朝

北朝鮮沙里院《サリウオン》に、刑務所がある。

ここには政治犯、経済犯、殺人犯、強姦犯などさまざまな、犯罪者が収容されているが、その中でもっとも多いのが姦通犯《かんつう》(北朝鮮や韓国では姦通は犯罪である)だ。

北朝鮮では、男女が不倫をして情を通じ、逮捕されると、有無をいわせず無報酬の労働を強《し》いられる。重い刑罰の場合は刑務所入りとなる。

実際、刑務所にはありとあらゆる性犯罪者があふれている。

年上の人妻と情を通じて捕らえられた者。

義姉を辱《はずかし》めた不埒《ふらち》者。

未成年の小学生を犯した醜行《しゅうこう》犯。

路上で寡婦《かふ》に襲いかかって強姦《ごうかん》した者……などなど。

女性の姦通犯も多い。

党秘書と密通した女。

父兄に肌を許した女教師。

路上で春をひさいでいた女（北朝鮮では表向き、売春は禁止されている）。


刑務所にぶちこまれるときの尋問《じんもん》も、またいいかげんだ。

「どっちが先に誘った？」

「あの、だらしないスケ（『犬の牡《おす》』の意味だがここでは男を軽蔑《けいべつ》していう）です」

「どっちが先に脱いだ？」

「あたしが先に脱いで裸になりました」

「どっちが上に乗って跨《また》がった？」

「覚えていません」

「たっぷり豆飯食ってみたら、わかってくるさ」

こうして刑務所に収容された姦通犯は、朝の体操時間からいじめられる。

四人たちは、体操時間には駆け足をさせられるのだが、

「姦通犯にはもっと恥をかかせなければ」

なる党の指示によって、毎朝男と女を前後の組に分け、姦通犯には特別のかけ声をかけさせて、沙里院市内を一回りさせるのだ。

そのかけ声とは、男の組は「姦通」、女の組は「根絶」。

先を走る男の組が「姦通ッ」とかけ声をかける。と、女の組が、これに呼応して「根絶ッ」と続ける。

「姦通、根絶」「姦通、根絶」……。

囚人たちのみじめなかけ声が、市内を一巡すると、沙里院の市民たちの一日がはじまるのだ。

火線入党

北朝鮮では、女性の入党は非常に難しい。

男女平等を唱え、女性も社会組織の一員として、

「革命の一翼を担わなければならない」

と、党は要求しているが、現実は違う。

北朝鮮では、入党することによってのみ社会的に認められる。

幹部に登用されるためにも入党。

昇進するためにも入党。

嫁を迎えるためにも、嫁入りするためにも入党、入党、入党。

北朝鮮の若者は、入党するために、惜しみなく青春の夢を消耗しているといっても過言ではない。

北朝鮮は思想が優先していて、政治的生命を何より重視する社会だ。だから党員になっ

てこそ、肉体的生命と政治的生命との結合ができて、主体性を持って行動できる完璧な一人の人間になれるのだという理論が浸透している。

そんな国だから、特に男性は、党員になれなければ嫁を迎えることさえ難しい。だから北朝鮮のチョンガー（独身男性）の中には、見合いのときに党員であると偽り、だまして結婚する者もいる。

娘の両親は、娘の求婚者に会うと、最初の挨拶《あいさつ》代わりに、

「君、労働党に入党しているのかね？」

と尋《たず》ねる。

そのとき、もしバカ正直な男性が、

「いいえ、まだです」

と答えれば、

「とっとと帰れ」と追い帰されてしまいかねない。

北朝鮮の男性たちが、周囲の人々に軽んじられまいと、入党目指して血眼になっているのもうなずける。

党員になるためのもっともてっとり早い方法は、軍に入隊することだ。軍には、『速度

戦青年突撃隊』という、人民をこき使うためにのみあるようなスローガンがあるが、軍隊に入るということは、そのスローガン通りの、たえがたい辛《つら》さにたえながら身を粉《こ》にして働くという暗黒の生活を意味している。

軍に入隊せずに入党しようとするなら、米、油、肉もしくは外貨などで袖《そで》の下を使わなければならない。もしくはコネが必要で父親や身内の中に権力者がいれば何とかなる。ともかく艱難辛苦《かんなんしんく》を乗り越えた末に、ようやく入党できるというわけだ。

男性の場合、コネもなく、入隊もできないとなると、袖の下をかき集めるために盗みを働くことにもなりかねないが、裸一貫の女性の場合はさらに過酷な試練が待っている。賄賂《わいろ》代わりに、体を提供するのだ。つまり身を売るのである。

北朝鮮の党員登録（入党を管理する党部署）の関係者連中にとって、女を弄《もてあそ》ぶのはいとも簡単だ。その手口も、実にさまざまである。

入党を願う若い娘が工場企業所に入ると、まず自分がいかに党から認められているかを娘に吹聴《ふいちょう》する。そしてさらにその娘にも入党資格があるかのようにほのめかす。

ところが身元を確認する段階に至って……、

「女性トンム（同僚）、トンムの祖父《じい》さんは傀儡《かいらい》軍（UN軍と韓国軍）に奉仕したという資料があるんだが、これはどういうことかね」

娘は驚いて、

「いいえ。祖父は奉仕したのではなく、ただ水を一杯あげただけだといっていました」

「まるで話にならん。ま、入党の見込みはないものと思いたまえ」

「指導員トンジ(同志)、祖父の過《あやま》ちは、私がこの身を捨てて、百倍にも千倍にもして償《つぐな》います。党員にしていただければ、党と首領様のために喜んでこの身を捧げます」

「どういうふうに捧げるんだね?」

指導員の好色そうな視線を受けて、娘はうろたえた。

「あの……私が捧げるのは……その……」

「そうか、じゃあダメだ、戻りたまえ」

「指導員トンジ……」娘は心を決めた。「いいですわ。私、党のために身を任せます」

「そうだ。最初からそういえばいいんだ」

北朝鮮には、彼女のように、純潔を捧げて入党させてもらった女性も少なくない。

そのような女性を指して、隠語で『火線入党』と呼んでいる。

『火線入党』のもともとの意味は、戦時に手柄をたてたり、特別の実績をあげたことによって入党が許されることである。ところが今では、女性が操を捧げて入党させてもらうことを、『火線入党』と呼んでいる。

「党は常日頃、米国軍の機関銃の楯《たて》となれ、と命じています。たかが一個人の純潔なんかにこだわって、どうして党の娘といえるでしょう」

これは、『火線入党』したある娘の答えだ。

勃起具合で犯人探し

一五五マイルもの鉄条網《てつじょうもう》で囲まれている休戦線。この地に服務している北朝鮮人民軍の兵士にとって、一番たえがたい苦しみは、何といっても性的衝動である。

一八歳で入隊すると、二七歳になるまで、彼らは除隊することができない。入隊するために汽車に乗ってやって来たら、除隊するまでもう二度と汽車には乗れない。誰かに会おうと思えば、一〇～二〇里離れた場所まで歩かなければならない。

人気《ひとけ》がなく、ひっそりとしたもの寂しい山中で激しい軍務に服している彼らは、四六時中、孤独感に苛《さいな》まれることになる。そんな彼らが、どうして性的衝動を紛《まぎ》らすことができようか。

人民軍には、外出や外泊はおろか休暇さえない。その上、親との面会さえ禁じられている。

たまに女軍の看護婦でも訪ねて来ようものなら、それこそ大騒ぎだ。

彼らにとっては、一目でも女性を見ることができるのは大変なことなのだ。軍務に服する一〇年間の兵役義務期間に、五回以上女性に出会ったという兵士がいたら、そいつはよほど運のいい兵士といわなければなるまい。

中隊の中で兵士が出会う女性といえば、まずは中隊長や小隊長の夫人である。

ある日、人民軍第五軍団の某師団で、中隊長夫人がレイプされるという事件が起きた。豚に餌《えさ》をやろうと豚小屋に入った夫人に、誰かが後ろから襲いかかったのだ。

何しろ場所が場所だから、拉致《らち》されると思った彼女は、声も出せず、気を失ってしまった。これ幸いとばかり、犯人は夫人を豚小屋の床に押し倒して、思う存分凌辱《りょうじょく》した。犯人は女の肌に飢えている。一度ではすまず二度三度、犯しに犯してから、悠然と消え去ったのである。その手荒さは、このあと夫人が医者に担《かつ》ぎ込まれたことからもよくわかる。

カンカンに怒った中隊長は、ただちに中隊員全員に招集をかけた。

「どいつが俺の……」と、怒鳴ろうとして、ハッと気づく。

「どこのクソ野郎が俺の妻を犯した、とっとと出てこい」

などといえば、恥をかくのは自分のほうだ。そこで思い直し、

「中隊全体身体検査！」

人民軍の身体検査とは、素っ裸になって主に皮膚病や衛生状態（入浴状態）の検査を行うもので、軍人たちが嫌うことのひとつだ。

「一人ずつ服を脱いで中隊本部に来い。逃げるやつは許さん。覚悟しておけ」

風が吹き荒れる屋外で素っ裸にされた一〇〇人近い軍人たちは、激しい寒さにぶるぶる身を震わせた。

「誰かまた中隊長トンジの家に入って盗みを働いたのかな？」

「かもな……じゃなければ飯を盗み食いしたとか」

中隊長は本部に腰を据《す》え、一人ずつ恐る恐る入ってくる兵士に鋭い視線を浴びせた。

方法は簡単。兵士たちの男根をつかんで振ってみる。反射的に勃起する者は、そのまま通過させた。

〝犯人はきっと勃《た》たないはずだ〟

中隊長は確信していた。

「次」

「こら、貴様、いつ風呂に入ったんだ？」

「はい、おそらく二ヵ月近く前……だと思います」

「今すぐ冷や水を浴びろ」

「次」

「おいこら、貴様、何がおかしい?」

「はい、中隊長トンジがいじってくれるので、くすぐったくて……へへへ」

「バカ野郎！　とっとと出て行け」

兵士たちの男根はほとんどが勃起したが、中には引っかかった者もいる。いくらいじっても勃たず、だらっと垂れ下がってしまうのだ。

「おっと、貴様はこっちだ」

一〇〇人余りの兵士の中から、中隊長は四人の容疑者を見つけだした。もう一度、四人を別々に呼びつける。

一番に呼ばれたのは、最年長で、いかにもスケベそうな兵士である。

「こら、俺の妻を犯したのは貴様だろう?」

「い、いいえ、中隊長トンジ」

「こら！　ならばなぜ貴様の息子が勃たんのだ?　この野郎、しらばっくれるな」

激怒した中隊長がげんこつを振りかざすと、兵士は仰天《ぎょうてん》して、

「そ、そんなことは……。中隊長トンジ、私が勃たないのは、実はさっき自分で……」

「自分でなんだ？　はっきりいえ！　でなけりゃソイツをちょん切るぞ！」

兵士は消え入りそうな声で、「さっきトイレで叩《たた》いてしまいました」

人民軍の間では、オナニーとはいわない。『叩く』という。

「間違いないな、ほんとか？」

「はい。トイレの壁に、まだ跡がついてると思います」

こうして一人は、疑いが晴れた。

しかし、他の三人は最後まで身の潔白を明かすことができなかった。

とうとう堪忍袋《かんにんぶくろ》の緒《お》が切れた中隊長は、この三人に、軍靴で殴る蹴るの暴行を加えた。

それはすさまじい、血も凍るような暴行だった。

まもなく三人は、血反吐《へど》を吐いて、床にくずおれた。

「起きろ、貴様ら！」

中隊長は怒鳴りつけると、呻《うめ》きながら、のそのそと起き上がろうとする兵士たちの脇腹を、続けざまに蹴りつけた。

三人の兵士は、とうとう満足に歩けなくなってしまった。

その中の一人は頭も少しおかしくなった。この兵士は以後とんまなことばかりしていたが、ある日、地雷原を誤って踏み、爆死してしまった。

これを知った人民武力部（防衛庁）と保衛局（保安を司る）の双方は特別捜査をはじめたが、結局、中隊長夫人の強姦犯人は突きとめられず、中隊の管理と部下の統率を怠《おこた》っていたくせに、部下たちを殴打した中隊長が責任を問われ、逮捕されることで捜査は終結した。

爆死した兵士の母親が部隊を訪ねてきたとき、まさか母親には詳しい事情を話すわけにもいかず、「戦闘勤務中の戦死」と説明されたが、一人息子に死なれた母親の慟哭《どうこく》が谷間に響き渡ったという。

この事件は一九九二年三月、人民軍第五軍団で実際にあった話だ。

果して、人民軍の兵士たちが一〇年という長い年月、その大切な青春時代を自然の欲求を押さえつけ、犬や豚のように働かされ、体罰の酷《ひど》さにもたえて死守している休戦線とは一体何なのだろう？

オットセイを捕れ

北朝鮮の黄海道《ファンヘド》の沖であった話だ。

時ならぬオットセイが這《は》い上がってくるという、地方党の報告書が中央党に届いた。すると早速、党からオットセイを捕れという指示が出された。それも牝《めす》ではなく牡《おす》のオットセイを捕れというのだ。しかも牡のオットセイを捕らえた者には、入党と共に大学まで行かせてくれるという、涎《よだれ》の出るような褒美《ほうび》つきだ。

なぜ、党が牡のオットセイを捕れというのか、誰にもわからなかった。わかっているのは、それが金正日へのプレゼントになるということだけ。

しかしこの際、理由などどうでもいい。牡のオットセイさえ捕らえれば運が向いてくるのだから、志《こころざし》に燃えた若者たちは、こぞってオットセイ狩りに奔走《ほんそう》した。

この指示は、牡のオットセイの生殖器を食べると精力が並外れて強くなるという話を聞いた金正日が、オットセイ探しに執着したことが発端《ほったん》だった。

金正日とその意を受けた党幹部たちは、大事な外貨を使ってオットセイの生殖器を輸入し、服用しはじめたのである。しかしそれだけでは足りず、人民にまでオットセイ狩りを奨励《しょうれい》したというわけ。

党幹部たちは、顔を合わせると、

「お前、いくつ食べた?」

「俺は四個食べたぞ」

あたかもオットセイの生殖器の早食い競争でもやっているかのように、お互いに自慢し合う。

三個も四個も食べると、水がいっぱい入ったバケツさえ簡単に持ち上げられるほど、男根が強くなるといわれているため、脂《あぶら》ぎった幹部たちは必死でオットセイを奪い合う。

そんなわけでせっかく捕えたオットセイの生殖器も、里郡市道を経て中央党まで伝わってくる過程で少しずつ目減りしてゆき、中央党の幹部の手もとにはわずかな量しかまわってこない。

そこで中央党は、生殖器だけでなく、牡のオットセイの胴体をそのまま持ってこい、と若者たちに命じたのである。

その晩も、五人の若者が海へ向かった。

夜が更《ふ》けても、収穫はなかった。

「今日はもうダメだ。みんな帰ろう」

名残《なごり》惜しいがしかたがない。一同は帰路についた。

海岸警備区域に差しかかったときである。海原《うなばら》に自動小銃のけたたましい銃声が鳴り響いた。五人の若者はその場に崩れ落ちた。

海岸警備哨兵《しょうへい》が撃った銃声だった。

オットセイ狩りに海へ出かけるときには、電気が流れている鉄条網を張りめぐらせた警備区域を通らなければならない。警備区域の中に入るためには、党から配給してもらった通行証を見せる。もちろんその日も、見張りの哨兵は彼らが通行証を持っていることを確認してから通過させた。ところが、その後、哨兵が交代した。五人が帰路につこうとしたとき見張っていたのは、その交代した哨兵だったのである。

彼は早合点して、戻ってきた若者たちを武装怪漢だと思い込み、軽率にも自動小銃を乱射してしまったのだ。

オットセイ狩りに出かけていた若者たちは、全員即死してしまった。

その後、彼らの墓には、次のような墓碑が建てられた。

〝大いなる首領殿と金正日トンジから授けられた革命課業を遂行《すいこう》中、犠牲となった勇気ある若者の墓〟

人間機械

嘘のような本当の話を紹介しよう。

北朝鮮のキプム組（金正日や党幹部に体を提供する国家公認の高級娼婦組織）の女性たちの中には、特別な任務を課せられたグループがある。

そのひとつが、「胎児生産組」だ。

この組の女性たちは、厳格な保護のもとに人間檻《おり》の中に入れられて、せっせと胎児を生み続けている。つまり養鶏《ようけい》場の鶏ならぬ、人間機械にされているのだ。

彼女たちは、党幹部の中でも精力旺盛《おうせい》な男たちに身を捧げ、妊《みごも》ると、子を生むのではなく中絶して、胎児を摘出する。

胎児のほとんどは、驚くなかれ、精力剤や強壮剤として調剤され金日成親子や党幹部が服用、一部は他国へ輸出されている。

人間機械にされた女性たちの中には、「出産組」に属する女性もいる。

この組の女性たちは頭脳の優れた外国人の相手を務め、次々に混血児を生み出している。

生まれた子供は、党の養育係の手で育てられる。

混血児たちは、一定の年齢に達すると、知能テストによって鑑別される。頭が悪い子供は売り飛ばされ、頭のいい子供は労働党三号厩舎《きゅうしゃ》で工作員として育てられる。

胎児を生産し、あるいは混血児を生み続ける人間機械の女性たちは、労働党という巨大なペニスの陰で、みじめに年老いてゆくのだ。

キプム組の中には、他にも奇妙なグループが存在する。

これはある帰順者の話だが、金日成親子の長寿のために、醸造《じょうぞう》機械にされた女性たちもいるというのだ。

金日成親子は、日頃健康維持と称して、機械を使わずに作った酒を飲んでいる。

機械を使わない酒とは、すべての工程を人力で醸造した酒のことだ。

機械で醸造した酒には、わずかな量でも健康を害する鉄分や不純物が含まれている、というのがその理由だ。

このグループの女性たちは炊きかけの米を口の中でかみ潰《つぶ》し、唾液《だえき》とともに発酵させて酒を醸造する。それを金日成親子に捧げるのだ。

何ともゾッとする話である。

北朝鮮の芸術公演「アリラン」で踊る女性たち

金正日のプレゼント「包茎手術」

北朝鮮の男たちの中で、「包茎手術」を知っている者はめったにいない。たとえ知っていたとしても、糊口《ここう》をしのぐことで精一杯の庶民たちは、そんなことを考える余裕すらない。

しかし、その北朝鮮でも、実は「包茎手術」経験者がかなりいるのである。

それは党の幹部たちだ。

ある日、党幹部たちだけを治療する平壌南山《ナムサン》診療所へ、中央党副部クラスの幹部たちが招集された。

が、何のために招集されたのか、誰一人わからなかった。

全員が待合室にそろうと、分厚いレンズの老眼鏡をかけた党幹部の診療所長が、目玉をぎょろつかせながら入ってきた。金日成父子の肖像画に向かってペコリと頭を下げてから、居並ぶ幹部たちの顔を見まわす。

所長はもったいぶって口を開いた。

「ええと、ただ今から、わが党とわが人民のオボイ（父母の意だが、北朝鮮では金日成父子への尊称として用いる）であり、朝鮮革命と世界革命の卓越したイォンドウジャ（引率者）であり、主体革命の偉業の旗手であり、さらには太陽でもある、われらの親愛なる指導者、金正日トンジのお言葉を伝える」

党幹部たちはあわてて居住まいを正し……目ヤニをふき取る、鼻クソをほじくる、ボタンをはめる……などなど、競って身なりを整えた。

整然としたところで、所長がおもむろに金正日の手紙を取り出す。

「親愛なる指導者、金正日トンジは、次のようにおっしゃいました。それでは只今からそのお言葉を読みあげます。

『私は以前から、わが党と朝鮮革命のために、昼夜を分かたず食料を胃袋に詰め込み、その挙げ句脂ぎった顔と妊婦のような太い腹になって、夜毎女性トンムと色事に励んでいる党幹部トンムたちに、素晴らしいプレゼントをしようと考えていました。

そこで、夜も寝ないで考えた末、党幹部トンムたちに包茎手術をプレゼントすることに決めました。

トンムたちよ。包茎手術をした後も、これまで以上に私のために頑張ってほしいと思っています。一九九×年二月一八日、わが誕生日に期して……金正日』

金正日トンジの命《めい》により、これから私は皆さんの包茎手術をいたします」

感激した幹部の一人が早速音頭を取って、

「親愛なる指導者、金正日トンジ万歳！」

「万歳！」

一同が唱和する。

金正日の心遣いによって、党幹部たちは包茎手術を受けることになったのである。

数日後、包茎手術を受けた幹部たちに、金正日が質問した。

「どうかね、つまらぬ皮を切り捨てた気持ちは……？」

幹部たちは答えた。

「金正日トンジのために忠誠を尽くさんと、わが燃え上がる誓いが、ぴんぴん屹立《きつりつ》しております」

北朝鮮では包茎手術までが、金正日の指示によって施される。

さて、包茎手術を施した南山診療所の所長は、食料難のおりから切り取った包皮を茹《ゆ》でて、豚の餌の代わりにしているとか……。しかし、あまりに硬いので、豚は年中口をもぐもぐさせているという。

五分隊長トンジ、そこは糞穴《アヌス》です

一九九〇年以来、北朝鮮人民軍で新たに犯罪視されている問題は、まさに強姦、強奪、輪姦《りんかん》である。

教育の現場で男女共学がはじまってから、男女関係をある程度緩和させた党の政策は、かえって人民軍を狼へ変身させてしまった。

それまでは、上官のいいつけに素直に従っていた命令服従型の人民軍が、時代の変遷《へんせん》とともに、ズル賢くなってきたのである。

北朝鮮の社会は、九〇年代以来、画期的な変化を遂げた。

「資本主義的リズム」と蔑《さげす》まれていたディスコ・ミュージック。

異国的だと敬遠されていたブルース。

愛を歌った歌謡曲。

以前ならとんでもないとされていた数々の音楽が解禁された。

さらに大きな変化としては、九〇年度、金正日の指示による結婚の年齢制限の解除だ。それまで北朝鮮では、結婚適齢は男が二八歳、女が二五歳以上と定められていた。しかしこれ以後、二〇歳に達した男女は、年齢にかかわらず結婚ができるようになった。

これを受けて、早めに結婚して子を生むと、年をとっても若々しいまま美しさを保つことができ、体のためにもなるという理論が、一時北朝鮮で台頭《たいとう》した。

北朝鮮の人々の家庭に対する価値観も、徐々に変わりつつある。

社会がこのように変化しているのだから、人民軍も変化するのが当然だ。

ところが……その変わり方が悪かった。

兵士どもは昔から、寄ると触ると、「女」や「セックス」の話題に花を咲かせる。黄ばんだ下着の中で夢精してしまう者、トイレでオナニーをして絞り出してしまう者……しかしここにきて、我慢できない者が、就寝時間の隙《すき》をみて「女狩り」にでかけてゆくようになってしまった。女であれば誰でも構わず、見境もなく犯してしまうのだ。

まだ未成年の、人民学校（小学校）や高等中学校（六年制学校）に通う娘の中にも、兵士に襲われレイプされる者が出はじめた。さらにはシワだらけの老婆にまで悪事を働く。

「なあんだ、婆さんじゃあないか」

「婆あだってボジ（陰部）はボジだぜ」

兵士たちは通りすがりの老婆を輪姦した挙げ句、

「なあんだ、畜生！　こんな味だとは」

と、老婆を道端に放りだして、悠然と去って行く。

一九九一年、北朝鮮人民軍第二軍団師団所属の二人の兵士が、開城《ケソン》市内の学校の女教師を輪姦した。間もなく犯人たちは逮捕され、公開銃殺に処された。

ここまでくると、北朝鮮の軍当局では、兵士の性犯罪を防ぐことに血眼になり、その対策を講じないわけにいかなくなった。兵役に服している間に、女性との性交渉が発覚すると、その兵士は昇進や入党はもちろん、大学も退学させられるようになった。

刑罰として、格下げ、あるいは生活除隊（懲戒処分としての除隊）まで設けた。

このように法的に統制が強化されると、兵士には、性衝動を晴らす方法がなくなってしまった。

床について女の乳房や黒い三角形の茂みを思い浮かべていると、段々男根が勃起してきて、とても寝つくどころではなくなってしまう。

そこで一気に増えたのが、「同性愛」だ。

入隊したばかりのウブな兵士を抱きしめて、弄《もてあそ》んでいた古参兵士は、そのうちに兵士をうつぶせにして、やたらに男根を糞穴に突っ込むようになる。しかし、潤滑剤《じゅんかつ》の代わりに唾をつけただけで突っ込もうとするのだから、たまらない疼痛《とうつう》だ。若い兵士は痛さにたえかね、

「五分隊長トンジ、そこは糞穴です」

「糞穴でもなんでも構うもんか。糞穴は穴じゃないとでもいうのか?」

ウブな兵士は、説得しても無駄だとあきらめ、歯を喰いしばって苦痛にたえる。

これが、北朝鮮人民軍のセックスの実態だ。

こうして、兵士たちの青春は萎《しお》れていく。

若者が萎れてゆくことが、北朝鮮の体制の衰退に大いに関連があるということを、なぜ北朝鮮の為政者は気づかないのだろう?

金正日と胎児

北朝鮮では、心ならずも妊娠してしまった女性は、猫いらずを飲んだりガソリンを飲んだりといった恐ろしい方法で中絶をして、命までも危うくしているというのが、ごく最近までの現状だった。

しかし男女共学の施行によって妊娠年齢が下がり、女子生徒の妊娠が社会問題となると、世論の批判がエスカレートし、批判を浴びてたえがたくなった女子生徒たちが自害するようになり、社会的な大問題となってしまった。

そこで金正日は、次のような指示を下した。

『女子生徒が妊娠した場合、理由や名前、個人の身上などは一切問わず、中絶手術をしてやれ』という指示である。

女子生徒が妊娠したことが社会的に広まると、両親たちはあわてて、無理をして中絶させる。そのために破産することがあるのを医者はよく知っているから、中絶をエサに両親から甘い汁を吸い取ろうとさえする。

「先生、お願いします。うちの子が妊娠して中絶したことは、内緒にしてください。もし噂《うわさ》が広がるとこの子は……」

オロオロと両親が泣きつくと、医者は、

「中絶はややこしい手術なので、ひょっとしたら大変なことになるかもしれませんよ」

と脅し、両親に米や油、肉などを献上させる。

もっとも、北朝鮮の社会情勢を考えると、医者だけを責めるわけにもいかない。彼らだって、人からかすめとるしか生活手段がないからだ。うまく立ちまわって利益を得る医者は、むしろ利口だと称賛される。

しかし、理由も聞かず、名前も伏せたまま中絶手術をしてやれ、という金正日の指示が下ったために、医者には闇の儲け口がなくなってしまった。それでも医者の中には、まだ学校の教師としめし合わせて、中絶した女学生の両親を強請《ゆす》る者が後をたたないというのが現状だが……。

良心を失い、国民が皆盗人になってしまうのは北朝鮮の貧困がなせるわざだから、まあこれは目を瞑《つぶ》るしかない。が、許せないのは党の幹部だ。

彼らは、胎児が精力剤になるからといって、金正日の指示によって中絶した女子生徒の子宮から取り出した胎児を食べているのだ。この胎児は、金正日への献上品としても、また外貨儲けの商品としても利用されている。

病院の産科は、

「女子生徒たちの胎児は穴を掘って埋めずに、中央へ送ってくるように」

という北朝鮮保健部と生物学研究所の指示を受けた。

この指示に従い、胎児はガラスの箱に入れられて、平壌の生物学研究所か、あるいは金日成父子専用の「長寿研究所」(金日成父子健康研究所)へ直送されることになった。厳しい保安管理のもと平壌へ運ばれた胎児は、特殊処理方法によって精力剤として生まれ変わる。

さらに精力剤を調剤した残りは、再加工されて強壮剤となり、主要党幹部たちに服用されることになる。

もちろん、精力剤のほとんどは金正日の性欲増進のためだ。その他、わずかではあるが外国の金持ちに売りつけ、外貨獲得の一翼を担うことになる。

金正日と党幹部は、いってみれば、人間の肉を食べる食人種も同然なのだ。

女子生徒たちの子宮から取り出された胎児が、金正日の腹に入って色情狂のための供え物になる。これがまさに北朝鮮だ。

いつの日か歴史の審判が下されるとき、彼らの腹に呑み込まれた胎児は、精力剤ではなく、エイズやエボラのような恐ろしいウイルスと化して、為政者の肥え太った体を食い尽くすのではないかと、僕は思う。

金正日のセックスユーモア

セックス狂の金正日。

ある日、性器の具合がおかしくなった。

青くなって主治医を呼びつけると、おびえきった顔でじいっとすがるように、主治医の顔を見つめた。

主治医は金正日のパンツを下ろして、性器を詳細に観察した。

すると、どうしたことだろう。性器に目がついているではないか。

金正日は恐る恐る、

「医者トンム、ど、ど、どうなんだ?」

「目がついています」

「目!?」

金正日は口をあんぐりと開けた。

医者は大きくうなずいた。

「それだからトンジ、そんなにセックスがお好きなんですね。具合が悪いんなら、メガネをかけてあげましょう」

女軍たちの生理の日

最近の北朝鮮では、男性は入隊を嫌がる傾向があり、反対に女性は入隊を望む者が増加している。

女性は通常、一七歳で入隊すると二三歳までの六年間、軍に服務する。

軍隊は特殊な場所だから、女性たちも入隊すれば自然に気性が荒くなり、男性化して猛々《たけだけ》しくなってしまう。

特に高射機関銃中隊とか高射砲中隊の女軍の兵士たちは、男たちも怖がるほど、頑強で乱暴なことで有名だ。

女軍たちは、豚を自らの手で殺す。

丸太もわけなく肩に担いで駆けまわる。

砲陣地の柵《さく》に腰かけて、男たちが通りかかると口笛を吹き鳴らす女軍の兵士たちの振る舞いには、女らしさは微塵《みじん》も見えない。

しかし、女軍の兵士といえども女性である。いくら統制が行き届き、男顔負けの生活をしているとはいえ、女性独特の生理現象があるのは当然だ。

朝、起床と同時に中隊は整列する。

このとき、生理中の女兵士は、ハンカチをベルトに差し込むとか、左手の袖をまくり上げるとかして、前もって決められた印で生理日であることを中隊士官長（先任下士）に知らせる。

すると、士官長は、その兵士を選び出して休ませるなど、訓練隊列からの除外措置を取るのだ。

ところが、ズル賢い兵士は、自由主義（秘密の外出のことをいう）をするために、ひと月に二度も三度も左手の袖をまくり上げる。

「トンムは、この間もメンスだったんじゃないかね？」

おかしいと気づいた士官長が尋ねる。

「いいえ。違いますよ、士官長トンジ。なんでそんなことを……。私がメンスだったのを見たわけじゃあないでしょう？」

「まあいい。では今日の作業は免除だ。病室（内務班）で休むように」

このようにまんまと士官長をだました兵士は、ベッドの上に枕だの衣服だのを詰め込みその上に掛布団をかけ、人が眠っているように見せかけて外出してしまう。

しかし、人情のかけらもない士官長のもとにいる中隊の女兵士たちは、反対に、生理日ともなると大変な苦労をすることになる。

いくら生理日だといいはっても信じてもらえない。

訓練も作業もさせ、かえって他の者たちよりひどい目にあわせるのだ。

生理日と知ってわざと女兵士をいじめる士官長は、まったくもって悪辣《あくらつ》だ。

「トンム。メンスの日だといって訓練できないんなら、アメリカのやつらが攻めてきたときどうするんだ？　メンスだからといって、戦いは待ってはくれないぞ。

トンムたち、心して聞け。今、わが国は大事なときだ。わが女軍たちが、たかが体から血が流れるぐらいのことを辛抱できなくてどうする。そんなことで、どうして党の娘といえるんだ。訓練も作業もメンスも、一騎当千《いっきとうせん》の精神で頑張らにゃあならんぞ」

そういわれれば、生理日の兵士たちも、重い弾薬筒を担いで駆け出さないわけにはいかない。酷寒の凍《い》てつくように冷たい風が吹き荒れる長い夜、寒さに震えながら、保護勤務

（歩哨《ほしょう》の勤め）を遂行しなければならない。

不衛生な環境に加え、過酷な生活のせいもあって、北朝鮮人民女軍の間にはあらゆる性病が蔓延《まんえん》している。

性病検査は形式だけ。せいぜい年に一、二度。

生理日でも訓練に励む。

食事もろくにとれず、いつも上官にいじめられている。

涙ぐましい過酷な訓練の連続で、心身ともに疲れ果てている。

これでは性病だけでなく、さまざまな病気が広まるのは当然だ。

さらに、女兵士間の熾烈《しれつ》な競争意識からくる精神的ストレスもスゴイ。これはもう狂気の沙汰《さた》、一種の精神的病気だ！

誰が先に入党できるか、女兵士たちは日夜猛烈な競争を展開しているのだ。

そんな日常だから、一九九三年の一年間で北朝鮮人民軍を脱走した女兵士の数は、数えきれないほどだという。

脱走した女兵士が、その後どんな目にあわされたのか僕にはわからないが、円満除隊した兵士にしても、除隊後はさらに過酷な生活が待っている。

北朝鮮の男たちが、女性の除隊軍人を妻に迎えるのを嫌がるからだ。
男性化した性格。
性病を患《わずら》っている可能性。
過酷な訓練を経たために、子供ができないのではないかという不安。
これだけそろえば、まあ、男たちが二の足を踏むのも無理はない。

金日成広場で行なわれた、建軍記念パレード

平壌の街頭で、焼き芋売り場に並ぶ人たち

ダイエットのために死んだ党幹部

北朝鮮では、

「金正日式の……」

というのが、すべてにおける手本となっている。

党の幹部たちは、歩き方でさえ、金正日を真似《まね》る。

ある日、ある幹部が、党本部の廊下を金正日そっくりの歩き方で歩いていた。すると、
当の金正日が向こうからやって来た。

金正日はジロジロと部下の体をながめまわし、

「おまえのお腹は私より立派だ。私より偉く見える。こいつは不遜《ふそん》なことだぞ。ううむ、
気にくわん。ただちにヤセろ」

と、命令した。

やむなく、党幹部はダイエットをはじめた。

が、なかなかヤセない。

あせった幹部は考えあぐねた末、話に聞いたことのあるサウナを思い出した。何でも熱気にあたって、汗を大量に流せばヤセるというから……それならいっそのこと……。

党幹部は風呂に熱湯を満たし、果敢《かかん》にも、勢いよく飛び込んだ。

そして、心臓マヒで死んでしまった。

金正日とゴマすり

金正日といえば、身勝手でワガママだというので有名だ。

彼は人一倍直情的で攻撃的。病的なヒステリーでもある。

党の幹部たちは、彼の激昂《げっこう》ぶりをいつも目の当たりにしているので、彼の前では息を殺し、いいたいこともいわずに生きている。

正直に自分の意見を表明したり、自分の考えを押し通そうとすると、たちまちクビになってしまう。

しかも一方でゴマすりもしなければ、すぐにクビ。

毎日が不安におびえる生活なのである。

だから党幹部たちは、金正日が話すことにいちいち同意し、感心して見せる。

金正日がオナラをしたときでさえ、そのオナラを、トランペットのように素晴らしい音色だ、フランス製のパルファム（香水）の匂いだと、臆面《おくめん》もなく褒《ほ》めそやすのである。

これが、北朝鮮における処世術《しょせい》だ。

ある日、映画狂の金正日が、中央党の文化芸術部の幹部たちと、二本の新作映画を鑑賞した。一本は素晴らしいデキだったが、もう一本は駄作《ださく》だった。

金正日は、このとき、幹部たちの心を試してやりたいという衝動に駆られた。

彼はまず、駄作の一本について質問した。

「部長トンム。あの映画はどうだったかね？」

部長は何と答えたらよいかわからず、金正日の顔色をうかがった。

「素晴らしかったと思うがねぇ。どうだい」

金正日がしらばっくれていうと、とたんに部長が身を乗り出した。

「はいッ。その通りですッ、親愛なる指導者・金正日トンジ。空は何でもお見通しです。海には無限の洞察力が秘められています。その空であり海でもあるトンジのおっしゃる通り、あの映画はまことに素晴らしい名作でした」

鷹揚《おうよう》にうなずいた金正日は、次に名作のほうの映画について、

「こっちの映画は駄作だったよなぁ」

わざわざ同じ部長に同意を求めた。

「そうですね、フィルムを無駄にしましたね」

部長はここぞとばかり相槌《あいづち》を打った。

翌朝、部長の机の上に、次のような辞令が載っていた。

『ゴマすりをする部長トンムは、アオジ（僻地《へきち》の労働区）へ出向させる……金正日』

部長は、ゴマすりをしすぎて、泣く泣くアオジへ行くハメになってしまった。

第二章　へその緒を食い、母乳を飲む男たちの性欲

コンドームって何？

僕は北朝鮮にいるとき、コンドームとは何なのかを知らなかった。韓国へ来て初めて知ったのだ。

北朝鮮では、コンドームは『コリ（枠）』と呼ばれているが、多くは出まわってはいない。性教育もなされていないので、大多数の人たちは、僕と同様、コンドームについての知識がない。

北朝鮮での性教育は、結婚した先輩や嫁いだ姉などを通しての聞き覚えの知識だ。

親が結婚初夜を迎える娘に、せいぜい、

「性行為のときは尻の下に枕を敷いて、男性に楽な姿勢をとらせてやりなさい」

とか、

「性行為は男性だけが上の体位をとるわけではなく、女性も男性の上になってやることができる」

といった簡単なアドバイスをしてやるくらいのものである。

北朝鮮のセックスそのものが、快楽を追求するためのセックスではない。男の場合は射精のためのセックス、女性の場合は子供を生むためのセックスだ。男女ともに、快楽は付《ふ》随《ずい》的なもの、あっけないほどのスピードセックスなのである。

さらにいえば北朝鮮では、平壌市や主要都市を除いた地方の男女は、好意を感じ合っていても男性が女性に花をプレゼントするとか、二人で腕を組んで歩くとか、ドライブをするといったような、いわゆるデートをすることはない。

男女のつき合いは、結婚を前提とした堅苦しいもののみ。セックスもまた、子供を生むための日課のひとつなのだ。

出産を目的としたもの以外のセックスはすべてが変態的だ、と決めつけていたのがこれまでの北朝鮮。性開放の門戸を固く閉ざしている北朝鮮当局の性文化抹殺政策によって、北朝鮮の女性たちは容赦《ようしゃ》なくいじめられている。

避妊具や避妊薬のない北朝鮮では、望まない妊娠をした場合、それこそ女性は決死の覚悟をしなければならない。特に、未婚女性の妊娠は党の方針に逆らうことであり、その制裁は過酷だ。

避妊の方法がないため、心ならずも妊娠をしてしまった場合にはやむなく中絶をしなければならないが……これにはまた、実に奇妙な方法が用いられる。

たとえば、猫いらずを用いる方法。少量の猫いらずを水で割って飲む。中絶に効き目があるといわれているが、そんなことをすれば胃壁に影響が出るのは目に見えている。命まで落とす危険も伴う。

ガソリンを飲む女性もいる。

それでも効き目がなければ、わざと高いところから身を投げる。

酷寒の冬なら凍った水の中に身を浸す。

お腹をむやみやたらに棒で殴る。

さらには聞いて驚くなかれ、膣の中に駆虫剤《くちゅうざい》を入れるというとんでもない真似をしている女性もいる。

いずれも、想像を絶する過酷な方法である。

妊娠中絶のため、北朝鮮の女性たちは、命がけの思いをしている。いや、実際に命を落とす女性も多い。

コンドームのない北朝鮮!

避妊の知識がない北朝鮮！
ありとあらゆる方法で、生命の危険を冒しながら、妊娠中絶をする北朝鮮の女性たち。
これが嘘偽りのない、北朝鮮の現状なのだ。

寮とナス

北朝鮮でセックスを謳歌《おうか》するのはむずかしい。

党幹部や金持ちの息子ならともかく、一般市民には性欲を満たし解消する方法がないから、若者はみなオナニーで性欲を満たしている。

性欲の旺盛な女性にとっても、欲求を抑えるのは苦痛だ。

それでは、北朝鮮の若い女性たちは、どんなオナニーをやっているのか？

北朝鮮には寮が多い。

集団主義的社会なので、人々を寮に集めることで、統制と監視を強化している。しかしその反面、統制が厳しくなればなるほど、寮で暮らす若い女性の性欲が、日増しに倍加されてゆくという現象も……。

ある日、二人の娘が、農場から摘《つ》み取ったナスを食べていた。

一人の娘が大きなナスを手に取って、振りながらいった。

「ほら、このナスを見て。アセキ（北朝鮮で『男』のことを下品にいう言葉）たちのアレ（男根）とそっくりじゃない？」

もう一人が相槌を打つ。

「まあ、なんてすごい。感じちゃうわね、でしょう？」

彼女たちはそっとナスを懐《ふところ》に隠して寮に戻った。

夜になった。

片方の娘がそっと起きて枕の下を探る。パンティをはぎとり、持ちかえったナスをヴァギナに突き入れる。深く深く、リズミカルに動かす。やがて彼女は、我を忘れてもだえはじめた。唇から呻き声がかすかにもれ、彼女はアクメに達した。

それから毎晩のように、彼女はオナニーを続けた。

「ね、あんた、この頃、顔色が悪いんじゃない？　どこか具合が悪いの？」

同室の娘が尋ねた。するとオナニーをしていた彼女、にっこり笑って、

「あたし、この頃、男性トンムと一緒に寝てるの」

「え？　冗談いわないでよ。じゃ、お嫁にでもいったっていうわけ？」

「そうじゃないけど……あたし、毎日のように恍惚《こうこつ》感にひたっているの」

「教えてよ。一体全体、何がどうしたというの？」

同室の娘に問い詰められて、娘は布団の下からナスを取り出した。

「これ、なんだかわかる？」

「ナスじゃない？」

「そう、ナスなの。毎晩、大好きな男性トンムを思い浮かべながらこれを突っ込むのよ。そうすると、あのときと同じ絶頂感が得られるってわけ」

「ふうん」

これがはじまり。

寮の女性たちは男根の代わりに、張り形ならぬナスを使って、さかんにオナニーに励むようになってしまった。

つまりナスの饗宴《きょうえん》だ！

北朝鮮の娘たちは素朴で正直だ。恥ずかし気のない彼女たちの悦びのあえぎ声が、夜毎寮から聞こえるようになった。

ところが、食料不足の北朝鮮のこと、ナスが足りなくなってしまった。寮の食堂の貯蔵庫にナスが入るや、たちまち消えてしまう。とうとう争奪戦がはじまった。

「一体、どのエミナイレ（北朝鮮で『女』を意味する下品な言葉）が、あたしのナスを盗んだの？」

「あら、あんたのそのナス、私のじゃない」

「何いってんの」

「なによ、このナス泥棒め！」

ある夜のこと、仕事を終えて寮の食堂のテーブルについた彼女たちの前に、ナスの炒め物が並んだ。彼女たちは涎《よだれ》をたらさんばかり、

「まあ、ナスの炒め物だなんてびっくりさせるじゃない？」

「新たに入ったってことかしら」

「わあ、すごい」

娘たちはナスの炒め物を美味《おい》しく食べ、部屋に戻ったのだが……就寝時間になったときに一騒動起こった。

部屋に隠しておいたナスがひとつ残らずなくなっていたのだ。娘たちは管理人室に押しかけていった。

「管理人オマニ（母の意味。バーなどでマダムをママと呼ぶのと似たような呼び方）、あ

たしの部屋のナス、見なかった?」

「あたしのも……」

狐につままれたような顔をして、管理人は答えた。

「部屋を掃除してたらナスがあったからさ、厨房《ちゅうぼう》へ持っていってあげたんだよ。それがどうかしたのかい? さっき、みんなナスの炒め物を食べたんだろ?」

娘たちはそれからというもの、ナスのない寂しい夜を過ごさなければならなかった。

北朝鮮の女性たちだって、資本主義国家の女性たちと同じようにオナニーをする。

しかし物資不足の国だから、オナニーをするにもひと苦労だ。ナスひとつが珍重《ちんちょう》され、それすら簡単には手に入らないのが現実だ。

バカバカしいけれど、これは本当にあった話だ。

男子バレーボール戦を応援する美女軍団
（2003年８月　ユニバーシアード大邱大会）

不運な運転手

北朝鮮では、運転手は最高の職業に属する。

いくらひもじい暮らしをしていても、運転手は庶民よりはましだ。なぜなら穀物を運送する際、少しずつ抜き取ることができるし、セメントなどは袋ごと横流しをしたり、鋼材なら何十キロもくすねるなど余禄《よろく》があるからである。しかも、遠くまでトラックを走らせるので、『路上賄賂《わいろ》』も手に入れることができる。

北朝鮮は交通の事情が非常に悪い。どこへ行くにも、通常一〇キロや二〇キロは歩かねばならない。

やむをえず三〇、四〇、五〇キロと離れたところに行かなければならないときは、『路上賄賂』を使ってトラックに乗せてもらう。

『路上賄賂』は、酒二升とたばこ三箱が相場。または餅《もち》などで代用する場合もあるが、いずれにしても北朝鮮のお金で七〇〜八〇ウォン（約三三〇〇円）は必要だ。

車に乗りたいと思えば、賄賂を用意し道端に立って、走ってくる車に向けて賄賂を振りまわす。運転手がそれを見て気に入れば、車を止めて乗せてくれる。気に入らなければ通過してしまう。

運転手の中には、女好きのチョンガー運転手もいる。

運転手はエリートだから妻を娶《めと》ることは簡単だが、中には稀《まれ》に、風貌や体つきが極端に悪かったり、不倫のレッテルが貼られていたりして、妻帯できない者もいるのだ。

女好きの運転手は、酒や穀物の『路上賄賂』をもらったり、セメントを抜き取ったりするだけではものたりない。すらりとした美人を助手席に乗せて、愛の言葉を囁《ささや》きながら運転したいものだと願っている。そんな妄想にふけるだけで、股間が勃起し、いたたまれなくなる。

これは、そんなスケベな運転手の話だ。

彼はこの数日、イイ女が乗ってこないものかと期待に胸をはずませながら、トラックを走らせていた。ところがイイ女が道端に立っていると思うと、先を走るトラックが素早く乗せてしまう。やっと番がまわってきて女を乗せてみると、嫁の服でも借りたのか、やたらに若づくりの婆さんだったり、あばた面の貧相な女ばかり。

運の悪い日が続いていたそんなある日のこと。

古びたトラックをがんがん走らせ、坂道を上って、峠を越えようとしたときだった。夢か現実か、天女が舞い降りてきたのかと目を疑いたくなるほどの若く美しい美人が道端に立っているではないか。二重瞼《まぶた》の美しい切れ長の目。形よく尖《とが》った鼻梁《びりょう》。その美女が車に乗せてくれと手を振っている。

運転手は胸の中で歓声を上げた。こんなとき北朝鮮の人々は先祖に謝辞を唱える。

「ああ、ご先祖様よ、シパシーバ（ロシア語で「ありがとう」の意）！」

キーッと急ブレーキをかけてトラックが止まった。

美女は運転手に懇願した。

「お願いします。お酒とたばこを差し上げますから、乗せて行ってくださらない？」

運転手は逸《はや》る心を抑えて、ちょっともったいぶって見せる。

「困ったなぁ。ま、しょうがない。女性トンム（北朝鮮での女性の呼び方）、特別に乗せてやるよ。さっさと乗りな」

「どうもありがとうございます」

油で汚れ、たばこの臭いがしみついた助手席に美女が乗り込むと、白粉《おしろい》の香りが運転手の鼻をくすぐった。悩ましい香りは欲情をかき立てる。運転手は努めて平静を装っていたが、どうにも落ちつかない。

「女性トンム、どこへ行くところかね？」

「はい。食料がないから、黄海道まで米を買いに……」

「ふうん」

運転手は淡々としゃべっているものの、頭の中では淫《みだ》らなことを考えている。

『なんとかこの女を我がものにできないかな』

曲がりくねった人気のない山間《やまあい》の道を、トラックは走って行く。

しばらく彼は思案を巡らせていたが、突然、妙案がパッと閃《ひらめ》いた。

『しめた、これだ。へへ、俺を誰だと思ってるんだ。俺さまともあろう者が、こんな女の一人や二人、やらずに逃してなるものか』

トラックは急ブレーキをかけて止まった。

「きゃッ、どうしたんですか？　なにかまずいことでも？」

「ああ、車の調子がちょっと……。いや、大したことはない。大丈夫です。これでも俺は車については詳しいからね。ちょっと待って」

何食わぬ顔で運転席から降りた運転手、ズボンの裏側のポケットの部分をサッと切り捨てた。そして車の下に頭から入り、仰向けに寝ころんだ。

「あの……女性トンム、すまないがここに来て、ちょっと手伝ってくれんかね」

しかたなく美女は車から降り、運転手の足元にしゃがみこんだ。

「何を手伝ったらいいんです?」

彼女がかがみこむと、重ね合わせたチマの端が開いて、色白の太股とその奥の下着が見えた。興奮した運転手の息づかいが荒くなる。

『ああ、ご先祖様よ! ナムアミダブツ、お釈迦《しゃか》様よ! イエス・キリスト様よ! こいつぁ二度とないチャンスだ』

彼は内心ほくそえんで、

「ここに来て、ちょっとここを押さえてくれよ」

彼女は拒みかねて、四つん這いになると、しぶしぶ車の下に這っていった。トラックに乗せてもらえないと、数十里もの山道を歩かなければならない。

「どこを押さえるんですか?」

まさに思う壺《つぼ》。絶好のチャンスだ。

「女性トンム、俺は今、機械を押さえていて手が離せないから、俺のズボンのポケットからスパナをとってくれんかね」

彼女は、いやいやながらポケットの中に手を突っ込んだ。

「なんにもありませんわ」

「もっと奥のほうに突っ込んでごらん！」

「ないわ」

「もっともっと……さあ早く……」

うんざりしながらも深くポケットを探ってみると、手に触れたものはなんと、男のペニスではないか。

「きゃッ」

驚いた彼女は素早くポケットから手を引っ込めた。

しかし、そのときはもう取り返しのつかないハメに陥《おちい》っていた。

「おい、あんた、何てことを！　女性トンム、今、あんたは何をしたね？　人の大事な息子を、許可なく握っていいとでも思ってるのか？」

運転手は怒鳴った。その剣幕に、美女は途方に暮れて、

「おじさん、本当にごめんなさい。早くというんでついうっかり……。この通り、どうか堪忍してください」

運転手は好色そうな目で美女を見返す。

「口で謝ってすむとでも思ってるのかい？　女性トンムのも俺に触らせなきゃあ許さないね」

「え？　そんな……」

彼女は仰天した。

困りはてて身を固くしている美女に、欲情にかられた運転手が今にも襲いかかろうとしたときである。一台のトラックが近づき、二人のかたわらに止まった。

「女性トンム、その車故障してるんだろう。俺の車に乗りなよ！」

地獄に仏とはまさにこのこと。多少なりとも路上賄賂を払ってしまったのは惜しいが、貞操には替えられない。彼女はさっさとトラックに乗り込んだ。

しばらく呆然《ぼうぜん》と突っ立っていた運転手、『鳶《とんび》に油揚げをさらわれた』怒りが鎮《しず》まると、ようやく、損をしたわけではないのだから、と思いなおす。美女からもらった『路上賄賂』の酒とたばこがあるからである。

やけ酒でも飲もうと、運転手は早速酒の瓶《びん》を開けた。

しかしなんということ！　酒ではなく、中身はただの水ではないか！

不運な運転手は気も狂わんばかり。

北朝鮮は物資が足りない。交通の便も悪い。互いにだましだまされ、そのだまし合いの中で生きていかなければならない。こんな暮らしが、国全体を悲劇に追い詰めつつある。

ラブホテルがないから……

北朝鮮には、むろんラブホテルもなければモーテルもない。

けれど男女が魅かれあえば、セックスをしたくなるのは本能。

では、セックスをしたくなったカップルは、どこでヤルのか？

ほとんどは青姦《あおかん》である。

とうもろこし畑とか、わらの山などは、北朝鮮の……特に農場で働く若者にとっては、それこそ高級ラブホテル。

では、青姦したくてもできない、工場や企業で働く若者の場合はどうか？

これは、何といっても、「トイレ」である。

個室だから安全、何度でも自由に使える……トイレこそ、若者たちが性的欲求を解消するため、もっとも頻繁《ひんぱん》に利用する場所だ。

ただし、ご想像通りの狭さだから、青姦のように、のびのびと抱き合うわけにはいかない。即ち、立体位でのセックスを余儀なくされる。

北朝鮮では、立体位でのセックスを、「マルトゥクシップ（マルトゥクは杭、シップはセックスの意味）」と呼んでいる。

「あのときのトイレは最高だったなぁ」

と、若者が悩ましげにいうのを耳にしたら、ゆめゆめ便秘が解消したと思うなかれ。彼は、過日のセックスを懐かしく思い出しているのである。

口頭突《キス》とプレゼント

北朝鮮で、初めて、「口頭突《キス》」を一般に公開したのは誰か？

それは、韓国のベテラン映画監督・申相玉《シンサンオク》だ。

申監督は今から十余年前、有名女優とともに北朝鮮に拉致された。彼は金日成の要請により、現地で『鉄道に沿って千万里』という映画を撮影した。

その映画の中にキスシーンがあった。といっても、パラソルをかざしているので、キスしている男女の顔は半分しか見えず、何となくキスをしているなといった程度のシーンではあったが……。

ところが、そのたわいないシーンさえ、資本主義的だということで削られてしまった。

だから北朝鮮の若者の中には、いまだにキスをどのようにすればいいのか、やり方がわからないという若者が少なくない。

第一、北朝鮮では、キスをして舌を絡ませることを、不潔で非文化的だと考える風潮がある。偉そうな顔をした進歩的な若者だって、いざキスをしろといわれたら、おそらく女性の唇にかみつくくらいが関の山に違いない。

キスもできない北朝鮮の若者たち……しかし、彼らも恋をする。

恋をすると、恋人に思いを込めたプレゼントを贈りたいと考えるのは、洋の東西を問わない。

それでは、北朝鮮の若者たちは、どんなプレゼントをお互いにやり取りしているのか？

北朝鮮には宝石店がない。あるのは、党幹部や、外貨を持ったＶＩＰたちだけが出入りできる外貨商店の中にある宝石コーナーだけだ。しかもそれだって、お粗末な劣悪品ばかりだ。

そもそも北朝鮮には、イヤリングやネックレスがない。アクセサリーは一切、身につけてはいけないことになっているからだ。イヤリングやネックレスを身につけるのは、外貨の無駄遣いでもったいないことだと、党が統制をしているからだ。

だから若者たちは、中国製の鏡やハンカチ、ヘアピン、化粧品、ボールペン、手帳といった……それも品質の悪い安物ばかり……を、プレゼントしあっている。

九〇年代以来、新しい世代の間には、少しずつ外貨を貯めて、パンティやブラジャーなど外国製の下着をプレゼントする風潮が広まってきてはいるものの、北朝鮮の若者たちがのびのびと恋をし、キスやプレゼントを交わしあって、青春を謳歌することができる日は、そう簡単には来そうにない。

義妹の反対語

北朝鮮では、

「義妹をこっそり弄べない義兄にろくなやつはいない」

という言葉がある。つまりそのくらい、義兄と義妹とは不倫の情を通ずることが多いという意味だ。

義妹を弄ぶ義兄というのは、たいがい結婚に至るまで妻との恋愛期間が長く、妻の実家の事情をよく知り尽くしている。

互いに気心の知れた義兄と義妹は、顔を合わせるたびに親しさを増してゆく。義兄は義妹のよい相談相手になってやる傾向もあり、日本で「姑と嫁」というように、北朝鮮では「義兄と義妹」という言葉が通用している。

義妹にしてみれば、姉の夫である義兄は身近な異性であり、親しい身内でもある。親近感を抱くとともに、姉と義兄との夫婦の交わりに好奇心も抱いているから、つい甘えたり肌を露出したりして、無意識に挑発してしまう。

一方義兄にしても、義妹の若くはずむような肉体に、思わず目を奪われてしまう。

そして機が熟し、義兄がいきなり義妹の乳房に触れたり、妻が留守のとき一緒に寝ようと誘いをかければ、義妹は易々《やすやす》と義兄に肌を許すのである。

一旦関係ができてしまえば、チャンスがあるたびにセックスするようになる。

では、夫と妹との関係を知った妻はどうするかといえば……北朝鮮の女性も、万国の女性と同様、夫の浮気には猛《たけ》り狂う。

しかし、浮気の相手が実の妹ともなれば、そうそう目くじらを立てるわけにもいかず、むしろ幸いだったと安堵《あんど》するのが北朝鮮の主婦である。

なぜなら、夫が浮気をすれば家庭破綻《はたん》をきたす恐れがあるが、その浮気相手が義妹ならば家庭の団結が強まる、と考えるからだ。

北朝鮮の男が義妹とセックスをするのは、愛というより、単にいとしさと、無邪気《むじゃき》なセックスへの好奇心があるからだ。

義妹は義妹で、義兄にセックスを教えられ、男の性に関する知識を得ることができる。

しかし間抜けな男どもの中には、自分の妻に決別をいい渡し、義妹と再婚をする不届き者もいる。

もちろん、義兄と義妹間の性行為は不倫だ。

しかし、北朝鮮に限っていえば、単純に不倫とはいいがたい。

というのは義兄と義妹との不倫は、家庭の破綻をきたすのではなく、家庭の和合をもたらすというのが、北朝鮮の考え方なのである。

おもしろいことに、「チョジェ（義妹）」の反対語は「ジェチョ（自分の妻）」。妻があり義妹があり、家族みんなが力を合わせ、寄り添って暮らす。これこそ、北朝鮮の理想とする家庭なのである。

おっぱいがふぞろいだ

韓国の女性の前で、僕はよくへまをやらかした。子持ちの人妻を、未婚の娘と勘違いしてしまうのだ。過酷な暮らしをしている北朝鮮の女性に比べ、韓国の女性は若々しい。

しかし、北朝鮮の女性は違う。

結婚式を挙げると、ヘアスタイルがまず主婦のスタイルに変わる。その日から「アジュモニ（おばさん）」と呼ばれる。

無理もない。結婚してから一年も経つと、すでに以前の娘らしさはまったく消え、さらに子供を生むと、体つきから行動までがだらしなくなってしまう。

北朝鮮にはミルクがない。

あっても、党幹部たちの胃の中におさまってしまう。

北朝鮮の女性はミルクなどもってのほか、子供を生むと母乳だけで育てる。

ところが極端な食料難が、北朝鮮の母親たちを苦しめている。栄養不足のため、母乳が出なくなるからだ。

そのために子供を二人も生むと、大半の女性はやつれ果ててしまう。ひと言でいうと、母体が栄養失調になってしまうのだ。

北朝鮮では、一年の間に肉を食べられる日など指を折って数えるほどだから、女性の中には仕事の途中にめまいで倒れる者も少なくない。

僕は今も、おっぱいがふぞろいだった自分の姉を思い出すと目頭が熱くなる。

学校を出るとすぐ、党の指示に従って就職した姉は、結婚して初めての子供を生むと、乳房が腫《は》れる病気にかかった。

結婚以前に、異性とのつき合いがなく、子供を生むまでは乳房に触れる……触れられる……ことがなかったためか、出産後、左の乳房に小さい腫れ物ができ、あっという間に乳房の全体が石の塊《かたまり》みたいに腫れあがってしまったのだ。

医薬品が不足しているうえ、医療施設もまるでお粗末。病院に行ってはみたものの、案の定、医者など何の役にも立たなかった。塩水に浸したタオルを患部に当て、揉《も》みながら湿布せよ、というのが治療のすべてだったのだから。

その夜から姉の家では、姉の悲鳴が絶え間なくもれるようになった。義兄が姉の腹に跨がって、乳房を両手で揉むことが日課となったからだ。姉にしてみれば、たえがたい苦痛だったと思う。

今も僕の耳には、そのときの姉の悲鳴が生々しく響いている！

義兄が疲れると父が、父が疲れると当時まだ学生だった僕が、姉の胸を交互に揉んだ。姉はその痛さにたえられず、爪でオンドル（床暖房）の床を引っ掻《か》き、引っ掻いたはずみで指先が傷ついて、血まみれになった。

乳首からは乳の代わりに血が流れ出た。その血も搾《しぼ》り出さなければいけないという。義兄と父と母、そして僕は、代わる代わる姉のおっぱいを吸って血を吸い出した。

結局、姉は左の乳房にメスを入れることになった。

姉の左の乳房はなくなり、乳房が片方だけになってしまった。

だから姉は、ブラジャーをつけない。いや、つけることができない。

北朝鮮の主婦の中には、姉のように乳房のふぞろいな女性が大勢いる。それればかりではない。劣悪な医療事情のために、北朝鮮には乳癌《がん》、子宮癌、梅毒、膀胱炎《ぼうこうえん》、皮膚病、関節炎、肝炎、結核などの病気で苦しむ主婦が、一〇人に一人の割合でいるといわれている。

飢えに苦しみ、労力動員（人民に与えられた義務労働で、一定期間、定められた場所に行って労働をする）に苦しめられた挙げ句、子供を生む際に死亡する女性も数えきれないほどいる。

「無償治療」を唱え、「産前産後の恵み」を叫ぶ北朝鮮の当局は、いつになったらこの悲惨な実態に目を向けるのだろうか？

ある母のアイディア

北朝鮮の主婦には、深刻な問題がもうひとつある。

それはまさに、母乳が足りないということだ。母乳は赤ん坊にとって生命の泉。その乳をお腹いっぱい飲ませてもらえず、ひもじい思いをしている赤ん坊が沢山《たくさん》いる。

北朝鮮では通常五～六カ月で離乳をさせるが、授乳期間でも、極力乳を飲ませまいと、母親は躍起《やっき》になる。これは、赤ん坊に乳を与えたら……そもそも乳そのものが足りないので……母体が栄養失調になって、やせ衰えてしまうからだ。

そこで、北朝鮮では、母親と赤ん坊の間に深刻な戦いが生まれる。

赤ん坊は、なにがなんでも乳を飲もうと躍起になってもがく。母は飲ませまい、吸いつかせまいとムキになる。しかしいくら気丈な母でも、自分が腹を痛めて生んだ赤ん坊が、ぴーぴー泣きながら乳房に吸いつこうとあがく姿を見るのは辛い。

そこで、新たなアイディアが次々に考案された。

まず流行したのが、ビニールのテープだ。ビニールのテープを乳首にぺったり張りつけて、赤ん坊に乳首をくわえさせる。赤ん坊はおっぱいを貪《むさぼ》り吸っても乳が出ないので、癇《かん》癪《しゃく》を起こして泣きだす。しばらくの間はぐずって泣いているが、やがて泣き疲れ、あきらめてしまう。

ところが、今度は赤ん坊の逆襲がはじまった。吸っても吸っても出ない乳にいらだって、すさまじい勢いで乳首にかみつく赤ん坊が続出。母は激痛に腰を抜かし、悲鳴を上げて赤ん坊を殴り飛ばす。赤ん坊はわーんと甲高《かんだか》い声で泣きわめく。

次いで考案されたのが、視覚に訴えて脅かす方法だ。

赤ん坊は、生後三、四カ月で色に好奇心を抱きはじめる。大きくなるにつれて、赤い色を怖がるようになる。

その心理を利用して、乳首に赤色のヨードチンキを塗っておくのだ。

しかし、この方法もたいした効果は得られなかった。赤ん坊はすぐに怖さを忘れて、赤い乳首にむしゃぶりつく。

やがて、奇抜なアイディアが出現した。

ある母親が、薬箱の中の「シンホミチン」という目薬を使う方法を考案したのだ。その目薬は、目にさすと苦みが口中にまで伝わってくるという強烈なもの。

母親は乳首にその目薬を塗りつけた。赤ん坊は口を乳首に当てた瞬間、腰を抜かさんばかりに驚いた。吐き気を催したのだろう、顔をくしゃくしゃに歪《ゆが》めて後ずさりをする。

大人でさえ苦くて目が眩《くら》むほどの目薬を、乳首に塗ってわが子に苦痛を与える。そこまでして乳を飲ませる量を減らさなければ、生きてゆけない北朝鮮の母親たち。

たっぷり苦痛を味わった赤ん坊は、二度と母のおっぱいに近づこうとはせず、飯粒で空腹をいやさなければならなかった。

食料がふんだんにある、離乳食の豊富な国々では考えられない話だが、これが北朝鮮の悲惨な現実である。

この親にして……

人をだます悪徳商売で成金になった父親が、大学生の放蕩《ほうとう》息子を怒鳴りつける。

「こら。おまえはどうして勉強もしないで、悪さばかりしとるんだ！」

息子は答える。

「俺は、父ちゃんを手本にしてるからね」

二度離婚して三度目の女と暮らしている父親が、女を部屋に連れ込んだかどで、安全部へ引き立てられて行く不良息子を叱《しか》り飛ばす。

「またかッ。一体おまえは、いつになったらまともな人間になるんだ？」

息子は平然と答える。

「俺も父ちゃんみたいに、三人ぐらいの女とやったら、まともな人間になれるかもな」

北朝鮮では、一九八九年以後、女の子を輪姦暴行して少年院に収監される高等中学校の生徒の数が急速に増加した。

そのため、北朝鮮当局は、刑法を次のように改定した。

「未成年者が強姦したら、その父母をアオジ炭坑《たんこう》へ行かせる」

へその緒を食う夫たち

北朝鮮の男性は、結婚すると、ほとんどセックス機能が「衰え」てしまう。性の後進国・北朝鮮では、未婚の男性は常に欲求不満。女が欲しくて欲しくて眠れない夜を過ごしているから、いざ結婚すると、嬉々《きき》としてセックスに励む。毎晩、思う存分セックスに耽《ふけ》るのだ。

そう、眠る前にまず二回。

「早くこい。ヤラなきゃ眠れないよ」

明け方に用を足すため起きる。ついでに三回。

終わると、女房の尻をぴしゃりと叩いて、

「おい、もうご飯を炊く時間だぜ」

女房も女房で、

「あなた、もう一度してくれない？」

「おいおい、俺を雄牛と間違えているんじゃないのか。そんなにせかせかと搾《しぼ》っても、出ないさ」

とはいうものの……勤めが終われば、友人につき合う暇も惜しんで急いで家へ帰り、また一回……。

これでは「衰え」が早いのも無理はない。

新婚生活も一年経つと、男は見違えるようにやつれてしまう。

なぜなら、北朝鮮では白い米のご飯などめったに食べられないし、まして肉など口に入らないからだ。

卵？　ない。

ミルク？　ない。

では何を食べるか？

とうもろこしのご飯にシレギクック（白菜や大根の葉っぱを乾燥させたものを入れた味《み》噌汁《そしる》）、それにキムチ。

鰯《いわし》のひらきなんかが食卓に上ろうものなら、

「わあ、今日のおかずは珍味じゃないか」

と大歓声。

普段はねぎとにんにくに味噌をつけて食べるのが関の山だから、エネルギーの源となる脂肪が体につかないのも道理。

それでも温かい飯と汁さえ食べられれば、新婚生活は楽しい。北朝鮮の奥サンは、よほどの悪妻でないかぎり、よく夫に仕えてくれるからである。

貧困生活にもめげず、女房の愛に支えられて、夫は日夜頑張る。やつれ疲れ果ててもなお、頑張る夫を見るのが切なくて、ある農家の主婦が義母に頼んだ。

「私が赤ん坊を生んだら、必ずへその緒を保管しといてくださいね」

義母は、嫁の依頼通り、へその緒を大切に保管しておいた。

主婦はそのへその緒に包丁を入れて細切《こまぎ》れにすると、油で揚げ、夫に勧めた。

「あなた。隣のおばさんが、犬の内臓を持って来てくれたの。早く食べて」

夫は何も知らず、へその緒を食べた。

今も北朝鮮では、心やさしい奥サンたちが、セックス機能の「衰え」た夫に、へその緒を食べさせている。

母乳を飲む夫たち

北朝鮮では、妻は単なる妻ではない。夫にとっては、姉であり、母であり、また友人である場合が多い。

夫婦円満。頼り合い、支え合う彼らは、貧困の中にあっても温かい情を交わし合うことで、ささやかな幸せを感じている。

しかし、北朝鮮の主婦は、なかなか夫に美味しい物を食べさせることができない。食料不足の北朝鮮では、卵一個アメ玉ひとつですら手に入れるのが難しいからだ。

たまに美味しい物が手に入っても、何分少量なので、子供たちにも分け与えればほんのわずかしか残らない。かといって、子供たちが指をくわえて見ている前で、夫にだけ食べさせるのもテレくさい。

それに母親が、自分たちの知らないところで父親に美味しい物を食べさせていることを知ったら、子供たちだって寂しい気持ちになるだろう。

だから、妻たちは、夫に美味しい物を食べさせようと四苦八苦だ。

久しぶりに卵が手に入ると、妻は夫の飯碗の中にそっと卵を入れておく。けれど夫は、どうしても子供たちの目を意識してしまう。後ろめたい気持ちで、それでもこっそり卵を食べる。

しかし、これではせっかく卵を食べても身につくはずがない。

それで、北朝鮮の夫たちは皆やせっぽちだ。

はっきりものをいう主婦の場合は、

「ダメ。お父さんが一番よ」

と、きっぱりと子供たちにいいきかせる。すると子供たちは素直にうなずく。

それでも、子供たちのうらめしげな視線を浴びると、夫の食欲は減退してしまう。

北朝鮮は慢性的米不足だ。

米の代わりに、庶民はとうもろこしを食べる。

妻は自分や子供の飯碗にはとうもろこしを入れ、夫の飯碗には米を入れる。すると子供たちは、わざとゆっくりとうもろこしを食べる。時間稼ぎをして、父親が米を食べ残すのを待っているのだ。

それがわかるので、夫は米を食べ残す。子供たちは、待ってましたとばかり夫の残飯に食らいつく。

「お父さんにまず食べさせてあげなくちゃあね」

母親が釘をさしても、ちょっと目をはなせば、食料は空になっている。

シルクのように汚れなく、やさしい妻の心は、すべてにおいて夫を最優先してやりたいと願うのだが……。

それゆえ、出産後妻は、夫に授乳をする。

赤ん坊に授乳した残りを毎日コップに集める。それを温めて、夫に飲ませるのだ。

かつて北朝鮮にいた頃、友人が僕にこう自慢をした。

「俺はまったくいい妻を娶ったよ」

母乳を夫に与えながら、愛し合う北朝鮮の夫婦たち。

これを美徳といわずに何といおうか！

シャンプーとムース

韓国へ亡命して、まだ間もない頃の話だ。

僕と同じ帰順者の友人に会ったときのこと。

友人の髪型があまりにも決まっていたので、僕は尋ねた。

「カッコいいね、その髪型。何をつけてるの？」

「ムースだよ」

彼は答えた。

その後、一緒に彼の家に行った。

帰りに石鹸《せっけん》と歯磨き粉とシャンプーをもらった。

家へ着いて歯を磨き、石鹸で顔を洗うついでに風呂に入って、石鹸で頭のてっぺんから爪先まで洗った。

北朝鮮では石鹸などめったに手に入らない。シャンプーやムースにいたっては、お目にかかったことさえなかった。そもそも髪などあまり洗わないのだ。

風呂を出てすっきりした僕は、シャンプーの瓶を手にとってながめた。瓶に髪のきれいな女の人の写真がついている。うん、これをつけたら、友人のようにカッコいい髪型になるに違いない……。

僕はてっきりシャンプーをムースだと思って、頭にたっぷりと塗りつけた。そのまま外出して、別の友人に出会ったら、そいつが不思議そうに僕の頭をながめた。

「おまえ、頭、どうしたの？」

いつのまにか、僕の頭が泡だっていたのだ。

夫と妻が守るべき十箇条

北朝鮮には、「夫と妻が守るべき十箇条」というのがある。

夫が守るべき十箇条は、

1　夫は妻より早起きしてはいけない。
2　夫は布団を片づけてはいけない。
3　夫はおこげやとうもろこしを食べてはいけない（米を食べるべし）。
4　夫は時と場所にかかわらず、女性に酒を勧めるべし。
5　夫は妻に暴力を振るう権利がある。履行《りこう》すべし。
6　夫は新鮮な物を食べるべし。
7　夫は薪《たきぎ》を作ってはいけない。
8　夫は食べ物の好き嫌いをいってもよい。酔って乱行を働いてもよい。

9　夫は荷物を持ってはならない。外出は手ぶらでするべし。
10　夫は家庭の経済を省みるな。

一方、妻が守るべき十箇条は、

1　妻は夫より早起きするべし。
2　妻はおこげとうもろこしを喜んで食べるべし。
3　妻はおさんどん（食事の支度）を喜んでするべし。
4　妻は夫の暴力を肯定すべし。
5　妻は夫に即答してはならない。
6　妻は残飯を喜んで食べるべし。
7　妻は薪を作るべし。
8　妻は米がなければ、空腹にたえるべし。
9　妻は家の食料を夫に食べさせ、自分の食料は余所《よそ》からかすめとって来るべし。
10　妻は夫より遅く寝るべし。

男性諸君、この十箇条を読んでたとえ感激したとしても、ゆめゆめ女性の前で口にするなかれ。

北朝鮮以外の国で、たとえ冗談でもこんな要求をするものなら、たちまち女性たちの袋《ふくろ》叩《だた》きにあって、家から追い出されるに違いない。

ナイトクラブ体験記

北朝鮮にはナイトクラブがない。

少なくとも庶民は、『ナイトクラブ』などという言葉さえ知らない。

閉鎖された北朝鮮で青春時代を過ごした僕も、むろん知らなかった。

韓国に亡命してからのことだが、ある晩、親切な友人が、

「ナイトクラブへ行こう」

と、僕を誘った。

僕は彼について行った。

ネオンがまたたく入口に、ハンサムでスマートな青年たちがズラッと並んでいた。ところが、そのまるでタレントにしか見えないカッコいい青年たちが、

「いらっしゃいませ」

と、僕に頭を下げるのである。

中からは音楽も何も聞こえてこない。僕は映画撮影の現場だと勘違いしてしまった。

案内されるままに地下へ降りて行く。ドアを開けると、突然、ものすごい騒音が耳に飛び込んできた。その音で耳がガンガンして、僕は頭がクラクラした。

席について、僕は啞然《あぜん》とした。

ピカピカ輝く照明。踊り狂う男女。耳が割れるような音楽。マイクを手に、満艦飾《まんかんしょく》の衣装で歌い踊る歌手……。

怖かった。何もかもが僕にはたえられなかった。

ぼんやりしていると、僕の前に酒やつまみが並んだ。ビール、果物、イカ刺し……。

僕はイカをつまみ上げて、近くのボーイに声をかけた。

「ねえ君。このイカ、焼いてくれませんか」

北朝鮮にはイカを生で食べる習慣がない。

しかし店内があまりにうるさいので、声を張り上げても誰も振り向かない。

「おーい、このイカ、焼いてくださーい」

何度叫んでも誰も答えてくれないので、僕は不安になって気分まで悪くなった。

周囲を見まわすと、皆、笑いながら酒を飲み、あるいは腰を振って踊っている。その中で僕だけが青白い顔をして座っていた。

友人はすっかりこの場の雰囲気に溶け込んで、ステージに上がって踊っていた。

僕は腹がたって、ビールをグッと飲み干した。

が、手持ち無沙汰《ぶさた》のままに酒を飲み、つまみを食べていると、だんだん気分が良くなってきた。僕は思わず音楽に誘われ、ステージに駆け上った。

見様見真似で踊ってみると、僕だってなかなかのもの。

踊り狂って、席に戻る。

「どうだい、気に入ったかい」

友人が尋ねた。

「うん。KOだ」

北朝鮮では英語は使わない。僕はOKのことをKOと間違えて覚えていたのだ。

しばらくしてボーイが尋ねた。

「女の子は呼ばないんですか」

もじもじしていると、脚の長い女の子が僕らのそばにやって来た。僕の隣に座った女の子がスゴイ美人だったので、僕は天にも昇るような気持ちだった。

女の子と酒を飲むのは初めての経験だ。

僕は、彼女が勧めるままにグラスを空にし、酔っぱらった。そして彼女の手を取るとステージへ上がり、今度は二人で踊りまくる。

『ああ、これこそが人生だ！』

僕は感激した。

三～四時間も踊り続けただろうか。体中の骨がガクガクになった。

僕と彼女は席に戻った。そしてまたビールを何十本も飲んだ。

彼女は僕のそばに寄り添い、頬にやさしくキスしてくれる。

ところがしばらくすると、彼女は僕の目の前に片手を突き出した。何のことかわからずぼんやりしていると、友人が、

「チップのことだよ」

と教えてくれた。チップとは心付けのことだと聞いていたので、僕は、

「あ、そうか」

と、一万ウォン（約一〇〇〇円～一三〇〇円）を彼女の手のひらにのせてやった。ところが、彼女は鋭い目で僕をにらみつけるではないか。

するとボーイが飛んで来て、

「おい、旦那《だんな》。ダメだよ。規定料金ってのがあるんだからさ」

という。僕は驚いて、

「いくらですか?」

「五万ウォン(約七〇〇〇円)だよ。そのくらいはもらわなきゃあ」

「踊ってビール飲んだだけなのに、そんなに高いのかい」

僕は仰天した。が、まだまだ驚くのは早かった。しぶしぶ五万ウォン払って帰ろうとすると、またまた別のボーイがやって来た。

「お客さん、勘定《かんじょう》を払ってください」

翌朝、酔いがさめた僕は呆然とした。なんとひと晩で、北朝鮮ならピアノの一台も買えるほどの大金を払ってしまったことに気づいたからだ。

しかし今さら悔やんだところで後の祭り。

一週間ほどして、僕は偶然、地下鉄の駅であの夜のナイトクラブのボーイに出会った。

「こんにちは」

懐かしさに、思わず僕は声をかけた。大枚をはたいたのだから、こちらは彼の顔をよおく覚えている。

ところがあちらにとってはただの客。覚えてなどいるはずがない。

「あんた、誰?」

ボーイはうさんくさそうに僕を見返す。

これが文明国というものか……僕は何だか悲しかった。

下着のサイズ

韓国へ来て、僕は初めて下着を買いに出かけた。

こぎれいな店へ入ると、美しい女性店員が近づいて来て、

「いらっしゃいませ。何をお探しですか？」

と尋ねた。

僕は恥ずかしくて、

「パンツを買いに来ました」

と、どうしてもいえなかった。

そこでショーケースに並んだパンツを指さして、

「これこれ」

と答えた。

すると店員が、

「サイズはおいくつですか？」

と尋ねるではないか。

僕はポカンと口を開けて、店員の顔を見返した。

というのも、北朝鮮にいた頃は、パンツにサイズがあるのを知らなかったからである。

北朝鮮では、父がはき古したパンツを、母が丁寧に繕《つくろ》って、僕はそれをはいていた。つまり僕のパンツは、みんな父のお下がりだ。サイズなどわかるはずがない。

「ううんと……そうですねぇ……」

僕はよほど困った顔をしていたのだろう。

店員はいぶかしげな顔をしたものの、ケースの中から一枚のパンツを取り出して、

「お客さんにはこれがピッタリだと思いますけど……どうかしら。色もいいでしょ。これならきっと似合いますよ」

僕は真っ赤になった。同時に、この店員は色情狂ではないかと不安になった。僕にこのパンツが似合うということは、僕がこのパンツをはいた姿を想像しているからだと考えたのである。

性が開放された国で暮らしはじめると、北朝鮮の性がいかに隠蔽《いんぺい》されていたかを思い知

らされる。

ある日、知り合いの映画女優が僕に尋ねた。

「あなたは北朝鮮のセックスについて本を書いているんでしょ。ねぇ、教えてよ。北朝鮮ではみんなどうやってセックスをしているの？」

このときも、僕は赤面した。

しかし女性がこれだけ大胆に、率直に、セックスの話ができるのは、本当に素晴らしいことだと思う。あっけらかんとセックスを語る女性に心から拍手を送りたいと思う。

でも……僕はまだパンツのサイズを知らない。

北朝鮮の若者たちも、相変わらず知らないままでいるに違いない。

第三章　男女共学、北朝鮮のXジェネレーション

男女共学

北朝鮮で男女共学が施行されたのは一九八九年。

これは金正日の指示によるもので、以後、平壌市と主要直轄市道郡の主たる学校に、北朝鮮の教育史上例をみない男女共学という開放的な制度が広まった。

共学が施行されて以来、北朝鮮の高等中学校の生徒たちに、驚くべき成果が現れた。

共学施行以前は、男子生徒には羞恥心《しゅうち》というものがなかったが、以後は、男子生徒に「女子生徒の前で恥はかけない」「負けてなるもんか」という男性本能に基づく競争意識が芽生え、勉学に励むようになった。

その成果は、生徒たちの学力向上に現れただけではない。生徒たちの服装やヘアスタイルが洗練され、品位も向上した。

しかし一方では、それに伴う弊害《へいがい》が頭をもたげるようにもなった。

女子生徒をいいくるめて、家から金を持ち出させたり、酒やたばこをこっそり持ってこさせたり……。二人の仲が親しくなると、制服を脱ぎ捨て、男子生徒は兄の、女子生徒は姉の服にこっそり着替えて、薄暗い川辺で愛の言葉を囁《ささや》く。

男女共学によって、彼らは突然、大人に変貌してしまったのである。

かつてはグループで喧嘩《けんか》をしたり、学校で器物を壊したりすることによって、欲求不満を解消していた男子生徒たちが、急におとなしくなり、鼻水で汚れていた制服にきちんと折り目をつけ、汗の臭いを消すために香水まで……といってもごく安物のいかがわしい代物《しろもの》だが……ふりかけるようになった。

共学が施行されてひと月も経つと、若者たちは恋人を作り、プレゼントをあげたりもったりして、さらには大人の関係にひた走る者も……。

男女共学は、古くさく観念的で、形骸《けいがい》的な北朝鮮の社会を一変させてしまったのだ。

そんな中で、もっとも大きな変化は、徴兵忌避をする若者が増えたことだろう。

かつては、軍隊に入れない者は、あたかもはみだし者のように扱われていた。が、今では軍隊に入隊すると、かえってバカにされる。

北朝鮮では高等中学校を出ると、通常一七～一八歳で軍隊に入隊する。これは国民に課せられた義務である。そもそも大学は党幹部の子女たちだけが入れるところで、一般の生徒たちは、軍服務が最高の希望だった。

しかし共学施行以後、学生たちはどうしたら入隊しないですむか、策を巡らすようになった。入隊すれば、少なくとも一〇年間は恋人と会えない。一人で虚しい歳月を過ごさなければならない。

それなら、民間人のまま、恋人と一緒に金儲けをして暮らすほうがどんなにいいか。そういった価値観を植えつけたのも、男女共学制度なのである。

男女共学施行以来、北朝鮮の学生たちは家庭の大切さとお金の価値に気づき、将来を構築する想像力を持つようになった。今、北朝鮮の若者たちの間では、共学が施行されたおかげで、党と首領より恋人のほうが大切だというイデオロギーが広まりつつある。

混成チャート

男女共学が施行されて以降、急速な変化を遂げた男女生徒の関係。学校当局や教師たちは今、躍起になってそれを規制しようとしている。

このまま手綱《たづな》をゆるめると、生徒たちはどんなことをやらかすかしれたものではない……というのが、当局のいい分だ。

北朝鮮の高等中学校のクラスは、だいたい一クラス四五～五〇人の生徒で成り立っている。教師たちは当局の指示に従って、この生徒たちを監視するために、「混成チャート」を考案し、職員室に分厚い教案と一緒に備えつけることにした。

「混成チャート」とは、男女生徒の間に起こりがちな異常な行動や、予期しうる事件を記録しておく、一種の事故防止凡例《はんれい》集ともいうべきもの。

例えば……、

×××は、女子生徒を見る目つきに色情的なところがある。

♡♡♡は、男子生徒に臆面もなく肌を見せる。
○○○と△△△は互いにプレゼントをやりとりした（プレゼントといっても、北朝鮮の生徒たちのやりとりするプレゼントは、せいぜい焙《ほう》じたとうもろこしを一握りとか日本製ナイロンスカーフといったものだが……）。
◇◇◇は恋文を書いているところを先生に見つかった。
凡例では、ご丁寧に恋文の内容まで取り上げている。

『僕は、君を見ると気が遠くなりそうだ。この切ない心は言葉では表しようがない。緑の黒髪、盛り上がった二つのビーナスの丘、君が囁く愛の言葉を夢の中で聞くとき、僕はいたたまれない気持ちになってしまう。僕は、君のすべてが欲しい。今夜、公園の野外音楽堂で待っているから、必ず来ておくれ』

文通など、もってのほか。凡例集にも絶対に阻止するようにと書かれている。

恋仲の生徒たちの席を移動したり、わざと下校時間をずらしたり、父兄に手紙を出したりして、教師は彼らの仲を割《さ》くことに全力を傾ける。

それでも改悛《かいしゅん》の情を示さない生徒にはどうするか？

互相批判《ホサン》（自己批判のこと。北朝鮮独特の制裁の一つ）といわれる措置をとり、男女交際をした生徒にむごたらしい制裁を加えるのだ。

平壌市のある学校で行われた互相批判を紹介しよう。

教師　今から、ブルジョア的で非社会主義的な考えで女子生徒たちを誘惑した×××と彼の誘いを受け入れた○○○女生徒について、思想闘争（自己批判の一種）を開くことにする。まず、×××から批判しなさい！

男子生徒A　××トンム！　○○トンム！　トンムたちは、勉強すべき革命課業を忘れ、手をつないで戯《たわむ》れていたと聞きます。それは本当ですか？

××　違います。手をつないだのではありません。指を触っただけです。それも人指し指を、たった二回……。

女子生徒B　○○トンムは、××トンムに手渡した恋文の中で、「あなたがいなければ私は死んでしまいます」と書いているそうですが、トンムは、党と首領様がおられるのに、なぜ死んでしまうといったんですか？

○○○　深くは考えず、外国の小説のセリフをそのまま書いてみただけです。

教師　これはゆゆしき問題だ。我々が扱うには手に余る。上級組織に報告して、法的制裁を加えてもらおうと思うが、同意するトンムは手を挙げてください。

もちろん、全員が手を挙げた。

その日、学校から帰る途中で×××と〇〇〇を捕まえた生徒たちは、好奇心に目を輝かせて尋ねた。

「×××、お前、〇〇〇エミナイ（女性蔑視《べっし》表現）の下着を脱がしたのか？　で、どうだった？」

「〇〇〇、あんた、彼に抱いてもらったの？　ねえ、どうだった？」

×××と〇〇〇はムッとして答えた。

「お前らも、やってみたらわかるだろ！」

先生、午前二時に……

平壌市内の高等中学校で、実際に起こった出来事だ。

北朝鮮の学校では、順番に当直をすることになっている。

泥棒の侵入を防ぎ、非常警戒が発令された折の指示伝達をすることが目的で、メンバーは普通、年配の男の先生と未婚の女教師、それに男子生徒の四～五人で構成される。

彼らは、一時間ごとに校内を巡察して、分駐所（派出所）にその状況を報告するのが義務である。

ある夜のこと。

その夜は、年配の化学教師と数日前に教師になったばかりの数学担当の女教師、クラスの中で一番力持ちといわれている三人の生徒が宿直をしていた。

化学教師は長年教師をしている。宿直など、もううんざりだった。まして、真冬の宿直ともなれば、いやでいやでたまらない。夜の一二時近くなって、彼は突然お腹が痛いといい訳をして、宿直の任務を女教師に押しつけ、オンドル（床暖房）のある温かい自宅へ逃げ帰ってしまった。

やむなく、女教師と生徒たちは、二組に分かれ校内の巡察をはじめた。

女教師は眼鏡をかけている。教師になったばかりなのに、プライドが高くて気取っているので生徒たちの評判は芳《かんば》しくない。あだ名は「コットル（鼻毛）」。やせっぽちで生真面目で融通がきかないことからついたあだ名だ。

この女教師、採点が辛《から》いことでも評判だった。彼女に憎まれたら最後、テストの点は、決まって「あひるトンム」（あひるが数字の2のような形をしているところから2点という意味。北朝鮮では優、良、可、不可の代わりに5、4、3、2で成績評価をしている）に落とされてしまう。

生徒たちはヤレヤレと溜息をついた。

「あーあ。『コットル』なんかと同じ組になるとはな。皮肉な運命だよなぁ」

生徒たちが愚痴《ぐち》をこぼすのも無理はない。

もし気のいい男の先生や気さくな女教師と一緒なら、肉片や酒のおこぼれにありつけるし、異性についての話を聞き出して、面白さに時の経つのも忘れて愉快な一夜を過ごすこともできるが……。

　夜が更けた。

　三人の生徒たちは宿直室で数学の公式を暗記しているふりをしていたが、実際には早く夜が明けないかと、しきりに時計の針をながめている。しかし、こういうときに限って、時間が止まってしまったかのように、時計の針はなかなか進まない。

「コットル」先生は机に向かって、夢中で調べ物をしている。

　三人のうちの二人はいつの間にかうとうとしていた。しかし残る一人の生徒は、眠気を堪《こら》えて、懸命に方程式を唱えている。

「aの三乗プラス……2aの二乗……bプラス……ええと……ええと……ええと……」

　すると、「コットル」先生がいった。

「明哲《ミヨンチヨル》くん！」

「は、はい。先生……aの三乗プラス……」

「何うわごとをいってるの。そんなとこでうとうとしてないで、二人を寝かせてあげなさい」

　思いのほか、やさしい眼差しである。

先生の見たこともないもうひとつの顔を見たようで、彼は内心呆気《あっけ》にとられたものの、先生のいう通り二人を寝かせてやった。

生徒たちはすぐに鼾《いびき》をかきはじめた。

「君も寝なさい」

先生がいう。

「え?」

明哲は、いつも厳しい先生が今日は妙にやさしいなと思ったが、素直に横になった。

「先生、何かあったらすぐ起こしてください」

しかし不思議だ。あんなに眠かったのに、いざ横になると、どういうわけか眠気が覚めていた。じっと天井を見つめていると、そこはかとない女の匂いが末梢《まっしょう》神経を刺激する。

明哲は、スタンドの光に浮かび上がる先生の姿をじいっと見つめた。

その視線を意識したのか、突然、「コットル」先生は、結い上げていた髪をほどいた。

明哲はゴクリと唾を飲み込んだ。しかし驚くのはまだ早かった。先生は静かに立ち上がると、ためらいもなく服を一枚一枚脱ぎはじめたではないか。

なまめかしい下着姿になった先生は、明哲の隣に横たわった。彼の体を先生の体臭がやさしく包む。彼はたえきれず、胸が張り裂けそうになった。心臓の鼓動が速まって、あたりに鳴り響いているようだ。

『僕は生徒で、彼女は僕の先生だ……先生だ……』

明哲は心の中で呪文のように唱える。

そのとき、先生が彼のほうに向きを変えた。

「寝る？」

明哲はドキッとして体をこわばらせた。

と、そのとき、天井裏で鼠《ねずみ》が駆けまわる音がした。先生は「キャッ」と悲鳴をあげて、明哲の胸に抱きついた。先生の息づかいは荒い。静寂があたりを包んでいる……。

先生の腕が伸びて、明哲の首に絡みついた。同時に、彼女の脚が、彼の下腹部にのしかかった。なんとかしなければと思いながら、彼にはどうすることもできなかった。胸がドキドキ高鳴って、息もつけない。男根が勃起して、今にもはち切れそうだ。

すると、先生の手が、はち切れそうになった彼の男根をギュッと握りしめた。とうとう我慢できなくなった彼は、力いっぱい先生を抱きしめた。いや、今はもう先生ではない。ただの女だ。

明哲が先生の唇に自分の唇を重ねると、待っていたかのように彼女の舌が押し入ってきて、二人は絡み合った。彼は右手で彼女の胸元をはだけ、露《あらわ》になった乳房を揉みながら人指し指で乳首をいじりはじめた。彼女の口から呻き声がもれる。彼は唇を離して彼女を仰向けにして、上体を起こして左手を彼女の首筋の下に敷き、ひじで支えた。右手で乳房を弄び、片方に吸いつき舌で戯れる。先生はしきりに呻き声をもらし、じれったそうに腰を動かしながら、明哲の男根を手で上下にさすり続けた。

「ああ、セ、セーンーセー……」

彼は、乳房を弄んでいた手を外して先生の腹部に当てた。おそるおそる指をパンティの中に入れる。指が恥毛に触れた。彼はためらいを捨て、すでに愛液でじっとり濡れた割れ目をいじり、先生の「あッ」というあえぎ声を聞きながら、びくっと体を震わせた。

そのとき、電話が鳴った。

二人は驚いて跳ね起きた。すでに時計の針は午前二時を指していた。

数日後、なに食わぬ顔をして教室に入ってきた「コットル」先生が、数学の試験結果を発表した。

「永久《イオング》くん、5点」

「正洙《チョンス》くん、4・5点」

「昌浩《チャンホ》くん、4点」

「明哲くん、2点！」

そのとき、

「先生！」

と、明哲が立ち上がった。

「先生！　実は、あのォ……午前二時に……」

先生はギョッとして、

「あッ、失礼、失礼。読み違ったわ。明哲君、5点！」

それからというもの、「先生、午前二時に」という一言で押し通した明哲は、いつも数学の点数は最高点だった。

これに似たような出来事は、北朝鮮にはいくらでもある。

北朝鮮の男子生徒の間で、○○女教師のパンティを見た、××女教師のブラジャーを見た、△△と▽▽女教師が逢い引きしている場面を見た、某先生が誰々から賄賂をもらった……などという噂が囁かれるのはしょっちゅうのこと。

北朝鮮では、身持ちの悪い教師のことを隠語で「先生、午前二時に」という。この言葉は、一時期、全国の学校で流行ったものだ。

平壌のマンション街を歩く家族

自習時間

北朝鮮の未婚の女教師たちが一番嫌う講義科目がある。

それは生物学だ。

北朝鮮の高等中学校は、今や男女共学。しかも教師の数が少ないから、未婚の女教師も生物の交尾や妊娠、体の構造について、生徒たちの質問に答えてやらなければならない。

そこでウブな北朝鮮の女教師は、男子生徒たちから質問責めにあうたびに、恥ずかしさで顔を赤らめることになる。

「先生。動物の牡と牝は交尾して仔を生むといいましたね。人間の場合はどうですか?」

「先生、うちの猫のどこを見れば牡と牝の分別ができるんですか?」

女教師にとっては悩みの種だが、しかしこれは、見方を変えればそれだけ北朝鮮の中高生たちが、昔に比べて開放的になってきたことの証明でもある。

生徒たちの急激な変化についてゆけず、女教師は結局、知らんぷりをする。曖昧《あいまい》にごまかす。当惑して逃げてゆく。

だから……北朝鮮の生物学の時間は「自習時間」が圧倒的に多いのだ。

あ、毛が生えた

思春期を迎えた北朝鮮の高等中学校の男子生徒たちは、風呂に入るのを嫌がる。

彼らは週一回入浴すれば上出来、半月に一回ならいいほう、月に一回でも普通だと思っている。

北朝鮮では厚生施設が劣悪で、非人間的な考え方がまかり通っている。だから、田舎の生徒たちとなると、ちょっと大げさかもしれないが、冬など、ほとんどの生徒が風呂に入らない。

それで垢《あか》が体にこびりつくので、たまに入浴したときは、肌にはりついている垢をゴシゴシ石で擦り落とすことになる。

しかし僕は今、北朝鮮では厚生施設が劣悪なため生徒たちが入浴しない、という話をしようとしているのではない。

思春期になると、生殖器のあたりに恥毛が生えてくる。

もちろんはじめは産毛みたいなものだ。それが次第に、縮れたようになってくるのを見るたびに誇らしくもあり、照れくさくもある。

「おい、お前、毛、生えたのか？」

「うん。生えた。何度も鏡に映して見たんだけどさ、なんだか変な気持ちだよ」

そんな会話を交わす少年たちの姿は万国共通。

「これであんたも一人前の男になったね」

といって、母親がこれを境に息子を大人として扱うようになるのも、いずこも変わらぬ見慣れた光景だ。

だが北朝鮮には、こんな母子の会話にも、この国独特の悲哀がひそんでいる。

男子は一七歳〜一八歳になると、人民軍に入隊しなければならない。

「うちの子のあそこに毛が生えたのよ」

「それなら、人民軍に入隊する年になったわけね」

北朝鮮の母親たちは溜息をつきあう。

一方の息子たちは、まだこの時点では軍隊がなんたるかを理解していない。

無邪気に陰毛が生えたと喜んでいる北朝鮮の男子生徒たち。彼らのうちの一体何人が、人民軍に入隊すること＝共産主義社会の一ロボットになることだと気づいているのだろうか？

トーチカの照る鉄条網の下で、「祖国統一・米帝国主義打倒・南朝鮮解放」を叫ぶ自分の姿を想像できる者は、おそらく一人もいないに違いない。

失神した男子生徒

北朝鮮の高等中学校の男子生徒の誰もが一番憧れ、しかしなかなかできない悪戯《いたずら》が、女子生徒の膨らんだ胸を触るとか、彼女たちのパンティの色を当てるような卑猥《ひわい》な悪戯だ。

北朝鮮では、性文化が隠蔽されている。女子生徒の乳房を触ったり、下着を見たというだけでたちまちスターの座を獲得できるから、男子生徒たちは下着店の前で、飽きずにウインドゥの中に並べられた女性用のパンティを観察している。

おかしなことだが、下着店自体、女性用パンティと店頭に書き出すのは恥ずかしいので「女~パン」とか「女~ティ」というように、一部文字を省略して品書きしているところが大半だ。それほど、性に対する認識が遅れているのだ。

これはある高等中学校での出来事。

高等中学校の教科課程の中には、「女子生徒実習」科目がある。

「女子生徒実習」では、女子生徒たちは礼儀作法、道徳、倫理、縫い物、ミシンの使い方、服のデザイン、料理などを習い、その中には、女性の生理、体についての授業も含まれている。

男子生徒には、「女子生徒実習」の代わりに「木工」を習わせる。「木工」作業室で鉋《かんな》のかけ方、金槌《かなづち》の使い方などを教えるのだ。一授業は四〇分間。

しかし木工をしていても、男子生徒たちの関心は「女子生徒実習」にとんでいる。

ところがその日、クラスの悪ガキの一人が同級生と賭けをした。

「おい、今日『女子生徒実習』時間に、向こうの掃除道具入れの中に隠れてエミナイたちの胸を盗み見てやらないか？ お前も一緒にどうだい？」

「うまくいくかな？」

「いくさ」

「もしうまくいったら、ボールペンをやるよ」

「よぉし、いこうぜ」

こうして二人は、授業前の休み時間に、掃除道具入れの中に隠れた。

「女子生徒実習」授業がはじまった。科目担当教師が入って来る。

「今日は、ブラジャーの作り方と生理周期について勉強します」

掃除道具入れの中に隠れている二人の胸が、ドキドキと高鳴った。二人は息を殺した。

そんなことは夢にも知らず、女子生徒たちは先生の説明に耳を傾けている。

「二番目の机の女性トンム。生理帯には何が一番いいと思いますか？」

「はい。ガーゼが一番いいと思います。ガーゼをそのたびにきれいに洗って、赤ん坊のおしめを当ててるように使います」

北朝鮮には使い捨ての生理帯がない。

病院とか薬屋でガーゼを買い、一度使った後も何度も洗ってまた使う。ボロボロになるまで使うのだ。

だから体操時間に、女子生徒がズボンの下からガーゼを落とすなんてこともしばしば。

それを見た無知な男子生徒が、

「お前、年はいくつなんだ。まだおむつを当てているのか」

といって、大笑いになったという話も……。

女子生徒の胸を見たい一心で、掃除道具入れの中に隠れていた二人の男子生徒は、次第に先生と生徒のやりとりに引き込まれてしまった。何しろ、何もかもが神秘の世界の話に聞こえるのだ。聞きほれていると、突然、先生がいった。

「では次に、ブラジャーを作りましょう」

女生徒たちは歓声をあげた。

物のない国だから、ブラジャーを作ることは大歓迎なのである。

「さあ、上着を脱いで、下着だけになって」

女子生徒たちは恥ずかしげもなく上着を脱いだ。

先生がブラジャーの作り方を説明しはじめると、彼女たちは、互いの胸を観察しながら、突ついてみたり触ってみたり……。

「騒がないで。静かに。先生がひとつ見本を作ってきましたから、胸の大きい生徒、誰か前へ出てきなさい」

道具入れの中の二人は、思わず唾を呑み込んだ。脂汗を拭《ぬぐ》う。生まれて初めて女の乳房を見るのだ。目を皿のようにして、前へ進み出る大柄の女子生徒の胸を見守る。

「さあ、下着も脱いで」

女子生徒が下着を脱ぐ。大きな乳房が露《あらわ》になった。

とそのとき、教室に悲鳴がこだました。

「きゃッ！」というその声は、掃除道具入れの中に隠れていた悪ガキの声だ。

なんと悪ガキたちは、女子生徒の乳房を初めて見た驚きのあまりに失神してしまったのである。

落書き騒動

北朝鮮の高等中学校で一番深刻な問題は、生徒たちの落書きだ。

トイレの扉や壁に、淫《みだ》らな落書きが書き散らされている。

ほとんどの落書きは、嫌いな先生や頭の悪い生徒への悪口か、性的好奇心のあらわれである卑猥な絵。

北朝鮮の高等中学校では、男女のトイレが分かれている。が、施設そのものがお粗末な上に、絶対数が足りない。それゆえいつも一〇分の休み時間に大勢の生徒が用を足そうとするたび、大混乱になる。

女子生徒といえども、こんなときは本性がむき出しになる。

「エミナイ、中でなにしてんの？　どうかしちゃったの？」

ドンドン扉を叩く。

「このトイレ、あんたのうちのじゃないだろ？　そんなに急《せ》かさないでよ。うるさくいうと糞を浴びせるよッ」

授業の開始を告げる鐘が鳴る。

そんなわけで、せっぱ詰まった女子生徒たちは、やむを得ず男子用のトイレへ駆け込むことになる。

北朝鮮の学校のトイレは、悪臭プンプン。ちょっと座っていただけで窒息しそうだ。しかも足元からは冷たい風が吹き込んでくる。その上雨でも降れば、雨が糞壺に溜まって、それが跳ね飛び、尻が汚れる。

にもかかわらず、その中にこもって熱心に落書きに励むのだから、生徒たちの根性もなかなかのものだ。

例えば、男子用トイレにはこんな落書きが……。

〈四学年×組の担任先生のジョッテガリ（亀頭の下品な言い方）にイボが出ている〉

〈末淑《マルスック》（未婚女教師の名前）、あんたのそこに馬のペニス入れてやろうか？〉

〈副校長先生と英語の先生（未婚女性）とが昨日の夜シップ（セックス）した！〉

〈×学年×組の○○、やがて妊娠、父親は、俺だ！〉

女子用トイレだって負けてはいない。

〈チョンガー先生は私のもの！〉

〈ああ、先生、早く入れて！〉

〈××先生、私のどう？　素敵？〉

そんな言葉が所狭しと書き連ねられ、その合間には卑猥な絵までちりばめられている。

しかし北朝鮮の生徒たちの落書きは、単に性的好奇心から書かれたものばかりではない。中には、皮肉と嘲笑《ちようしよう》のこもった鋭い風刺も見られる。

「サロ庁（社会労働青年同盟の略）の委員長（北朝鮮の高等中学校でサロ庁組織の責任を負っている先生）トンジ。一体、トンジは、私たち生徒たちの教育をどう考えているんですか？」

圧倒的に多いのは、このようなサロ庁への批判だ。

ある学校の校長が、トイレの落書きを見て腹を立てた。

校長は鶴のひと声で、生徒全員を動員して学校中のトイレの落書きを消してまわった。

が、消しても消しても落書きはなくならない。

そこで校長は思いついた。トイレの扉を外してしまおうというのだ。

北朝鮮の学校のトイレに扉のないところが多いのは、実は、落書き防止のためである。

しかし禁止されればされるほど、ますます落書きをしたくなるのが人情というもの。

今度はトイレの床にも壁にも落書きがびっしり……床や壁はまさかとり外すわけにもいかないから、先生たちもこれにはお手あげである。

北朝鮮の生徒たちの落書き騒ぎは、性文化が開放され、サロ庁のような組織が撤廃されるまでは、少なくとも下火になることはないだろう。

悪戯、一生のインポテンツ

北朝鮮の高等中学校の生徒たちは、三学年（一三～一四歳）になると、毎年『農村支援戦闘』に動員される。

『農村支援戦闘』とは、党の指示によって春には稲の苗《なえ》を植え付け、秋には稲刈りのために、ひと月余り協同農場へ行って人手不足を補う労力動員のこと。生徒たちにとっては退屈な学校生活から逃れる唯一の『解放』だ。

しかし、その『解放』も、本当の意味での解放ではなく、新たな拘束のはじまりだ。生徒たちはさんざんこき使われ、酷使される。休みなく稲の苗を植え付けるときなど、死にたいほどの辛さだ。

余談だが、北朝鮮では、『戦闘』という言葉がよく使われる。

これは、党に身を捧げさせるための一手段として、掲げられたスローガンだ。この『農村支援』の場合、まさに毎日が戦闘である。

この期間、生徒たちは、農場脱穀場や宣伝室（会議室）、個人の家、青年学校（農場学校）などに分散させられ、集団で寝起きしなければならない。

朝は六時に起きて朝の運動。朝食は、七時。とうもろこしのご飯に味噌汁、粗末なおかずがあるだけ。その量は育ち盛りの彼らにはとても足りない。

食事がすむと、新聞の速読。党の声を伝えるという名目のもと、党の社説や政論や国際ニュースなどを交代に速読して、認識状態をテストする。

八時からは、うんざりする作業がはじまり、夕方まで続けられる。

作業は、一人当たりの一日の割り当てがあらかじめ決まっている。大人でも手に余るほどの量だ。

田植えの場合など、苗床《なえどこ》に入って苗を抜いていると、無数の蛭《ひる》が足にべったり吸いついてくる。びっくり仰天した女の子たちが、あちらこちらで悲鳴を上げる。中には、驚いて真っ青になり、泣き出す子まで出る始末。

昼休みは一時間。

とはいえ、真昼の日差しが照りつける土手で、あわてて昼飯をすませた生徒たちは、寝ころんで昼寝をするどころか、付添い教師の監視のもと、『革命思想』の勉強や『数学公式』の暗記をするフリをしなければならない。

一時間経つと、再び作業開始。

割り当て量をこなせなければ、松明《たいまつ》を灯して夜間作業をさせられるから、是が非でもやり遂げねばならない。

いずれにせよ、夜には夜の補習授業がある。または『善行運動』(北朝鮮の生徒たちの勤労精神を育て、健全な生徒を作るために進める意識啓蒙《けいもう》運動)。眠気を堪《こら》えて、『主体性を透徹し、党の求めに応じて、火の中にも飛び込める人間!』となる訓練を積む。

こうして一日の戦闘がすむと、生徒たちは、万歳三唱をして眠りにつくのである。

毎日の戦闘で日焼けして真っ黒になった彼らは、『戦利品』として、カボチャや大根や白菜などを少しずつもらって家へ帰る。親はヘトヘトになって帰って来た息子を見て涙を流す。

朝早くから夜遅くまで続く過酷な作業と、思想教養のための訓練は、情け容赦もなく彼らをくたくたにしてしまうのだ。

だから休日がくると、彼らはひたすら眠りを貪《むさぼ》る。寝ついたが最後、昏睡《こんすい》状態に陥ってしまう。

そんな日々の繰り返しが続くと、次第に生徒たちはイラついてくる。精神的な緊張感と肉体的疲労にたえきれず、ついに悪戯をはじめる。

泊まっている家の鶏や農場の兎《うさぎ》などを盗み食いしたり、果樹園の果物を盗んで食べたり……これはまだましな悪戯だ。

思春期の彼らは突飛な悪戯を思いつく。精力余って屹立した仲間のペニスに悪戯をしかけるのだ。

「ちょっと、爪で弾いてやろう！」

「いたッ！」

弾かれた生徒は、悲鳴を上げながら跳ね起きて、すぐまた寝入ってしまう。

今度は、石を投げつける。

疲労の極みにある被害者は、夢うつつのうちに悲鳴を上げたかと思うと、また鼾《いびき》をかいて寝入ってしまう。

「そうだ。吊るしてやろう」

扉のすぐ側で寝ている生徒のズボンを脱がせ、パンツをこっそり下におろし、疲れ果てて熟睡している生徒の亀頭を釣り糸で結ぶ。

そのときである。

教師が外から扉をさっと開けた。

「ぎゃーッ！」

絶叫があたりをつんざく。亀頭を釣り糸で吊るされた生徒が、いきなり跳ね起き、両手を股間にもっていき、ペニスを握りしめた。そのまま、体は床に崩れ落ち、失神する。失神してもなお、発作を起こしたかのように体が引きつって震えている。

悪戯の度が過ぎ、亀頭がちぎれてしまったのだ。

部屋の中は、一瞬にして修羅場《しゅらば》となった。

不運なこの生徒が、一生、性不能者（インポテンツ）になってしまったのは、いうまでもない。

この事件は、一九九〇年、平壌のとある高等中学校で起こった出来事だ。

恋を覚えるとき

北朝鮮といえども、若者たちはエネルギッシュだ。

男女共学が広まった今、主要都市の高等中学校では、恋人がいない生徒は馬鹿にされるようになった。

性教育や異性についての倫理教育がないままに、彼らは恋を覚え、異性を求める。

高等中学校のクラスは、普通、男二五人、女二〇人の割合で編成されている。まず生徒たちは、その中から自分の好きな相手を見つける。

北朝鮮では、

〝男女関係は、社会主義的な生き方に当てはめ、正しい異性関係として、確固たるものでなければならない。党と首領に忠誠を尽くすことで結ばれた真の革命トンジ、革命の道連れになる相手でなければならない。片思いや不倫は、資本主義の異性観として断固排斥すべし〟

という認識がある。

つまり、党と首領に忠誠を尽くせない男女交際は排斥すべきだという考えだ。

北朝鮮では、恋をするにも、「首領さま万歳！」「党中央万歳！」と叫ばなければならない。家庭中心の恋人などもってのほか。学生時代から厳しく戒《いまし》めている。

一九九〇年代以前のジェネレーションには、この考えが浸透している。高等中学生で恋人がいる、異性の友達がいるなどありえないことだった。

ところが、男女共学以降のジェネレーションは、北朝鮮社会の時代錯誤の強制的な要求を向こうにまわして、堂々と立ち向かっている。

今や、恋人がいない生徒はかえって異常。先生の目をだまし、父母の目を欺《あざむ》いて、彼らは恋をする。

恋は自然の発露《はつろ》。

統制された北朝鮮社会の中で、果敢な若者たちが小さな恋に目覚めた姿は、ほんのわずかながら、僕の胸に希望の風を吹き込んでくれたものだ。

下着泥棒

北朝鮮の某大学で起こった出来事だ。

女子大生だけが住んでいる大学の寮で、真夜中に大騒動が起こった。ある寮生のパンティが盗まれたのだ。しかもその寮生、よりによって学生幹部の副連隊長だった(北朝鮮では、大学の組織も軍隊式になっていて、連隊長・参謀長・大隊長・小隊長などの役割がある)。

その上、そのパンティは副連隊長の彼氏が外国から買ってきてくれた最高級品。北朝鮮では目を皿にして探しまわっても手に入らない貴重なもので、一回穿《は》いて洗濯をして干していたものを盗まれたのだから、さあ大変。

性格がひねくれていて、執念深い彼女は、パンティを捜し出すために、寮生全員に招集をかけた。

「どんなにあのパンティが大事なものか知っていて、わざと盗んだんだ。売女《ばいた》みたいなヱミナイ（女性の蔑称）め、絶対に許さないからねッ」

怒り狂って身を震わせながら、副連隊長は叫んだ。

「さあ、廊下に並びなさい！　神妙に白状してパンティを出せば許してやる。さもないと承知しないからね。さあ、誰だい、パンティ泥棒は……？」

ところが誰も答えない。

真夜中にこんな大騒動を起こされては、寮生たちもたまらないが、そこが北朝鮮の大学、軍隊式の厳しい戒律が定められているから、上の者には絶対に逆らえない。

しかも、パンティを盗まれた副連隊長は、頭が「カミニコロバ（ロシア語で石頭の意味……ここでは頭が悪いこと）」なのに、父親が党幹部の中でも権力者であるために大学に入学できたという女。彼女自身も党幹部の肩書を持っているから、誰一人文句のいいようがない。

「誰がやったんだい。しらばっくれる気かい？　だったら、もう一度だけ機会をやろう。誰だい？　素直に自首するのが身のためだよ」

むろん誰も答えない。副連隊長はますます怒り狂って、

「この汚らしい売女たちめ。ブラジャーからクリーム、口紅、生理帯まで……何でもかん

でも盗まれる。まったく、ここは大学じゃなくて泥棒の巣だ。白状しないんなら、いいさ、みんな服をまくりあげて、パンティを見せな！」

寮生たちはやむなくパンティが見えるように、服の裾をまくり上げた。

「見つけたら誰であろうとただじゃあすまないからね、覚悟おしよ」

彼女は一人ずつ、パンティを見てまわった。しかし、いくら目を皿のようにして調べても、彼女のパンティは見つからなかった。

いよいよ逆上した彼女は、捕まえたら撃ち殺してやると殺気だった。

そのとき、突然電灯が消えた。停電したのだ。寮生たちはほっと緊張を解いた。

「ふん、電気が消えて助かったとでも思ったら大間違いだよ。あたしはね、自分のパンティの臭いをちゃあんと覚えてるんだ」

副連隊長は、暗闇の中で一人一人のパンティの臭いを嗅ぎはじめた。

と、何を思ったか、彼女はハッと顔を上げた。

「ここにはエミナイが、確かに一人残らずいるんだね」

一人がおずおずと答える。

「ええ、先生の他は……」

「先生！」

副連隊長は、思うところがあったのだろう、先生の部屋へ飛んで行った。

先生は寝ていた。

彼女は、恐る恐る掛け布団の端を持ち上げた。

「あっ！」

まさか先生がパンティ泥棒だったとは！

「先生のシパル（女性器の意味。韓国の下品な罵《ののし》り方）！」

北朝鮮では、ブラジャーやパンティまで不足している。特に輸入品のブラジャーやパンティなど、手にするどころか見ることすらできない女たちが大半だ。

いくら物資不足とはいえ、大学の教授が教え子のパンティを盗むとは……しかしこれが、嘘偽らざる北朝鮮の実態なのである。

平壌市内の女子大生たち

北朝鮮のXジェネレーション

ヨーロッパ旅行、酒、バイク、携帯電話、ベコプT(オヘソのみえるTシャツ)……。

そんな言葉が氾濫《はんらん》している資本主義社会のXジェネレーション(新世代)に比べれば、北朝鮮のXジェネレーションはまだまだ幼稚だ。酒やたばこをたしなみ、恋をしてディスコや外貨商店へ出入りするのが関の山。

しかし異性とのつき合いに関していえば、急激に発展しつつある。

「父ちゃん、俺、学校やめるよ」

「何だって? おまえ、正気でいってるのか?」

「正気に決まってるさ。俺の担任先生がさ、俺の好きな子を他のクラスにしちまったんだ。父ちゃんならがまんできるかい?」

こんな父子の会話が北朝鮮の家庭で交わされるなど、つい昨日まで、誰が想像できたろうか?

「かあちゃん、俺に黒いズボン作ってくれ」

北朝鮮では、学校の生徒は制服以外の服は、着てはいけないことになっているのだが、それ以前に、生地を買う金などあるはずがない。

「お前だって知ってるだろう。黒い生地なんか、どこにあるのさ」

「父ちゃんのがあるじゃないか。それで作ってくれよ、嫌なら俺、家、出て行くよ！」

子供が親に逆らうのも、Xジェネレーションの特徴だ。

「姉さん、あのね、あいつと映画館行ったんだけど……」

「え？　あんた、もう、あの子と映画館に行くような仲になったの？」

「うん。映画見てたらね、あいつ、エッチなやつよ。そっと私の手をにぎるの」

「そんなことさせて……。あんた、平気なの？　あの子が好きなの？」

「まあね。あいつの家、母ちゃんがドル商店（外貨商店）の店員なんだって。だからさ、好きになってもいいかなって……」

金の有る無しで男を好きになることに、何の躊躇《ちゅうちょ》もないのが、Xジェネレーションのもうひとつの特徴だ。

さらにもうひとつ。Xジェネレーションは遊ぶことが大好きだ。

「今度の日曜に、先生と大成山《テーソンサン》遊園地（平壌の公園）へ遊びに行くことになったからさ、俺、母ちゃんからこっそり米を一キロもらって来るよ」

「俺は、たばこ」

「俺は、お酒」

「俺は、鍋」

「エミナイたちは、何にもないのか？」

「あるわよ。私はニンニク、唐辛子粉、それに油も持って行く」

「私はテープレコーダー」

「わぁ、いいな。一杯飲んでディスコ気分だ」

「うん。でも内緒だぞ。うちには、労力動員で行くっていっとこう」

たとえ、イデオロギーの違いはあっても、若者の心理は万国共通。北朝鮮も変わりつつあるのは確かだ。

一七歳の母

北朝鮮では、男女共学が施行されてからというもの、学生同士のセックスを阻止するため、当局者と関係者が躍起になって防止策を打ち出した。

にもかかわらず北朝鮮の男女学生は、なお、セックスをしているのが実情だ。

いくら統制を引き締め、思想教育を強化しても、人間の本能であるセックスは止められない。

まして、相手は若者である。

北朝鮮では、未婚女性が妊娠すればただちに噂が広まり、皆に後ろ指をさされる。いうまでもなく自我批判（自己批判）の対象である。

娘が妊娠すれば、その家族も恥辱《ちじょく》にまみれる。両親は勤め先や党組織の中で、とがめられ非難を浴び、子女のしつけがなっていないという理由で僻地《へきち》へ追放されることすらあるのだ。

妊娠した女子学生は、結局、追い詰められて自害することもままある。

これは九〇年代以降、新たに深刻な問題となった、北朝鮮特有の悲劇である。

ところが、例外もある。

ある珍しい娘の話を紹介しよう。

妊娠しても子を生み、自害もしないで生きている、一七歳のたくましい女子学生の話である。

その女子学生は、同じクラスの男子学生と愛し合っていた。

ある日二人は、女子学生の家で、両親の留守にセックスをしてしまった。たった一回のセックスだったが、女子学生はメンスが止まり次第に腹が大きくなった。

二人は怖くなった。女子学生の妊娠は、党幹部の父親の汚名となるだけではなく、家庭の破綻《はたん》を意味する。

女子学生はむろん、堕胎をはかってあらゆる方法を試みた。が、すべて失敗に終わった。

前述したように、北朝鮮ではコンドームも避妊具も、ほとんどといっていいほど手に入らないし、中絶手術も簡単には受けられない。

やがて彼女の妊娠は、学校の教師にも両親にも知られてしまった。

父親は絶望した。

一体どうすればいいのか？

父親は病院へ行き、袖の下を使ってでも中絶手術をさせる決意をした。

その間も、絶え間ない非難や悪口が、女子学生をひどく苦しめた。

いよいよ手術の日。

憔悴《しょうすい》しきって手術台に上がった女子学生は、早く手術が終わってくれればいいと、必死に願っていた。

ところが、いざ手術をはじめようというときに、医者は手を止め、低い声で彼女に話しかけた。付き添っていた父親が医者に尋ねた。

「先生、どうかしたんですか？」

医者がとまどったように顔を上げる。

「実は三つ子が入っているんです」

びっくりしたのは女子学生だった。

とっさに、女子学生は胎児を殺してはいけないと悟った。一人ならともかく、三人も殺すことなどとてもできない。

しかし、父親は強い口調でいった。

「三つ子でも一〇人の子でも同じことだ。手術しなければいかん。私は、党で働いている。娘が未婚で子を生むなどもってのほかだ。そんなことが党内部に知れたら、私の人生はおしまいだ」

しかし、女子学生は頑《かたく》なに首を横に振った。

「先生、私、手術をしないで子供を生みます」

両親は大騒ぎ。怒り、わめき、挙げ句、娘を殴りつけ、食事のときこっそり汁の中に中絶薬を入れたりもしたが、なんの役にもたたなかった。

噂はまたたくまに広まった。

結局、党組織まで届いてしまい、父親は退職させせられてしまった。

娘は家を出て、大きくなりかけた腹を抱いて、放浪の旅に出かけた。

親戚の家に行ってもむろん歓迎されず、どこへ行っても「女子学生のくせに妊娠した」と後ろ指をさされて、非難を浴びた。

党の幹部たちは、女子学生が万一子供を生んだら社会的に悪い影響を与えることになると、何とかして中絶させようと追いまわした。

妊娠し、中絶を拒否した彼女は、社会から葬られてしまったのである。

ところが、捨てる神がいれば拾う神もいる。

さんざん恥をかかされ、非難の的になりながら、子供が生まれる寸前まで放浪していたその女子学生に、救いの神が現れた。

救いの神は金持ちの党幹部ではなく、一般庶民ですらなくそれは、北朝鮮の不良青少年たちだった。

しかも、空き巣やスリをして稼ぐ、どん底暮らしの不良たち。彼らがその女子学生を助けるために立ち上がったのだ。

娘はおかげで無事に分娩《ぶんべん》した。三つ子の中の一人は、娘が栄養失調だったために分娩途中で死産してしまったが、あとの二人は無事だった。

母になった彼女は、それからというもの、不良たちと組んで犯罪に手を染めた。

「女としては弱くても、母としては強い」

彼女は子供二人を育てるために、やむなく盗みを働くことになったのである。

しかし、数年後に彼女は安全部に逮捕された。現在は平安南《ピョンアンナム》道甑山《ジュンサン》郡刑務所で服役している。

この話は、僕が一九九三年に、取材した実話だ。

子供は、その女子学生の姉が育てているという。

なぜか僕はその子供たちの名前を今でも覚えている。

鋼鐵《カンチヨル》と石鐵《ソクチヨル》。

鐵《くろがね》のように、石のように健《すこ》やかに育ってくれという意味だろう。

第四章　恐るべき絶倫・軍団経理長の話

初体験

僕の初体験の相手は、幼なじみの玉花《オクファ》だ。

僕と彼女は共に平壌の生まれ、家は隣同士だった。

幼い頃から両家を行き来して遊び、彼女は僕を『お兄さん』、僕は彼女を『玉花ちゃん』と呼んでいた。

その二人が、ほのかな恋心を抱きはじめたのは、高等中学校に入ってからだ。

卒業後、僕は人民軍に入り、彼女は平壌の音楽舞踊大学へ行った。ところが新人歌手として舞踊家として人気の頂点にいた彼女に、突然、不幸が襲いかかった。

忘れもしない、一九九一年のことだ。党の秘書をしていた父親が間諜の疑いをかけられたのである。一家は党の指示によって、ヤンガン道山中の僻地へ強制追放された。

青天の霹靂《へきれき》のような玉花からの手紙。今までのことはすべて忘れてほしいとの文面に、僕はただちに脱営し、その足で黄海道からヤンガン道まで飛んでいった。

三途の川を渡るも同然といわれているヤンガン道ロージュン里ロージュン鉱山の労働者区。玉花の家は、蜘蛛の巣が張り、土壁はひび割れ、今にも崩れ落ちそうな廃墟同然の家だった。

ようやく家を探し当てたものの、彼女の母親は僕を家の中へ入れてはくれなかった。

「二度と来ないで。あの子のことは忘れて」

僕は途方に暮れた。

幼なじみの玉花、十年来の恋人をどうして忘れられようか！　今さら彼女を忘れろというのは、僕の人生のすべてを奪い取られてしまうも同然だった。

まる二昼夜、僕は彼女の家の前で過ごした。一〇月とはいえ、夜中には零下になる山奥の寒さ。僕は理性を失った。

こうなったら、何としてでも彼女を自分のものにしてしまおう。既成事実をつくってしまおう……。

僕は、彼女の両親が出かけた隙を見計らって家屋に侵入し、彼女の部屋に押し入って、扉に鍵をかけた。

狭い部屋の中には彼女と二人……沈黙が流れた。

「お兄さん、こんなこと、いけないわ」

「なんで、いけないんだ？」

彼女の唇はカサカサだった。

床が凍てつくように冷たい。が、二人の眸《ひとみ》は切なさに燃えていた。一方は、有無《うむ》をいわせず犯して自分のものにしようとして、もう一方は、犯されまいとして……。

「服を脱げよ！」

僕は命じた。僕自身も服を脱ごうとすると、彼女は僕にすがりついた。

「お兄さん、お願い、止めて……ね」

「早く脱げといってるだろ！」

「いやッ！　私、こんなことするの嫌よ！」

僕はいきなり玉花を床の上に押し倒して、襲いかかった。あらあらしく胸元をはだけ、露になった乳房を吸いはじめた。

「いやッ。お兄さん、頭がどうかしたの？」

玉花が叫ぶ。

「お前が好きでたまらないんだ。一度でいい、後生だからやらせてくれ」

「むりにするなら、私、死ぬわよ。お兄さんなんか嫌いッ。どうしてこんなとこまで来て私を苦しめるの。私が首を吊るのを見たいの？」

彼女は真っ青になって叫んでいる。

しかし、すでに獣と化した僕には、彼女の叫び声など耳に入らなかった。ズボンのファスナーをおろし、屹立しているペニスを取り出す。

僕は彼女の右手をつかんでペニスを握らせた。すると、彼女は甲高い声で叫びだした。あわてた僕は、思わず彼女の顔をひっぱたいた。脱いだ服を引き寄せ、彼女の口に押し込んだ。なおも必死であばれる玉花。僕はやむなく作戦を変えた。

「俺のことがそんなに嫌ならしようがない。じゃあ、ちょっとだけ触らせてくれよ。ちょっとでいいんだ。絶対に中には入れない。いいだろ」

彼女はしぶしぶうなずいた。

僕はスカートの裾をまくってパンティの中に右の手を這わせ、茂みに触れた。彼女は自暴自棄になっているのか、僕のしたいようにさせていた。拒もうとしない彼女に、僕はちょっと興ざめがした。谷間の入り口がかさかさに乾いているのも、僕をしらけさせた。相手を好いていれば濡れるものだと聞いている。ではさっき「お兄さん嫌い」といった彼女の言葉が本心だったのか？

僕は中指を膣の中に深く突き入れた。指先がするりと入った。やはりわずかだけれど膣の中は濡れていた。それでも彼女はじいっと横たわっていた。

「さあ、もうやめて」

「うん、わかったよ」

僕はあきらめ、彼女の隣に仰向けに横たわった。

溜息が口からもれた。こんなに中途半端な状態では、僕の気はとても収まらない。

「……玉花ちゃん、頼むよ、ちょっとだけ……」

「……」

「やっぱり玉花ちゃんは俺のことが嫌いなんだ。そうだろ？」

玉花は悲しげに溜息をついた。

彼女が頑なに僕を拒んだのは、僕のことが嫌いだからではなく、彼女なりに僕のことを気にかけていたからだったのだ。

僕は党の信任厚い北朝鮮人民軍の作家兼演出家だ。もし、追放者との肉体関係が党に知れることになったら、僕はただちに粛清され、アオジ炭坑に追放されてしまうだろう。彼女はそれがよくわかっているから、いくら僕が好きでも、体を許すことができなかったのである。涙ながらに話す彼女の話に、僕は目頭が熱くなった。

僕らは涙を拭おうともせずに抱き合った。

「本当はね、お兄さん。私、お兄さんなら何をあげてもちっとも惜しくなんかないのよ。さっき嫌いだといったけど許してね。本当は私、好きで好きでたまらないの」

「もういいんだ。玉花ちゃんを僕のものにしたかっただけだ。それでつい……すまない」

「私、お兄さんが好き。だから好きにしてほしいの。私は、もうお兄さんのものよ。二度と会えなくなっても、私、後悔なんかしない」

「どうしてそんなことを……僕はもう絶対に離れないよ、いや、離さないよ玉花ちゃん」

僕は玉花を抱きしめた。そして、今度は優しく彼女の下腹部に手をもっていった。彼女は腕を僕の首に巻きつけ、下着を脱がしやすいように尻を持ち上げた。僕は彼女のパンティを脱がせて、滑らかな太股の上に覆い被さって四つん這いになり、彼女の中にペニスを入れた。びくっと体を震わせた彼女の口から呻き声がもれ、両腕に力が加わる。

僕は腰を沈め、しばらく動かしてから、アクメに達する直前でペニスを引き抜き、彼女の両足の間に射精した。これが僕の初体験だ。

僕は、その日の契《ちぎ》りをいつまでも忘れないだろう！

鉱山から帰ってきた彼女の両親に契りを結んだことを堂々と話して、責任を取ることを誓ったものの、結局僕は彼女を見捨てて亡命してしまった。あれ以来、僕の中で、セックスは絶望と悲惨に裏付けられた悲しい行為として焼きついている。

彼女は、接見者だった

北朝鮮では、金日成や金正日の目に留まった人を『接見者』という。接見者は党の名簿に登録され、大学の入学や入党、就職などに特権を与えられる。北朝鮮の一般庶民にとっては憧れの存在だ。

僕の彼女、玉花もこの接見者だった。

三女一男の姉弟の長女として生まれた彼女は、幼い頃から芸能をたたき込まれた。人民学校に入ってからは声楽、舞踊、アコーディオンなどを習い、平壌のマンス大芸術団に抜《ばっ》擢《てき》されて、北朝鮮の名高い人民俳優・黄今珠《ファンクムジュ》（女性声楽家、ソプラノ）の指導のもと、革命歌劇「錦繡江山《クンスカンサン》」で幼い主人公役を熱演した。

この芝居を観た金日成は、出演者を集めた席上で、

「この少女は歌も上手、演技も上手だ。一人前になれるよう党で世話してやりなさい」

と、ありがたい「教示」を下した。玉花一一歳のときである。

その後、党の指名によって、彼女はヨーロッパ公演にも参加、芸術の神童として大切に養育された。人民学校を卒業した彼女は、平壌市の芸術専門学校「金星高等学校」に特待で入学した。ここでも彼女の才能は人々を驚嘆させた。

声楽と舞踊を専攻し、ピアノもマスターした彼女は、一九八二年、金日成の誕生日に開催された「全国芸術競演大会」の学生声楽部で優勝したので、人気は急上昇。一九八三年には、党で厳選された「平壌学生少年芸術団」に選ばれて、日本にも公演に行っている。

玉花の絶頂期は一九八四年だった。

この年、五万人が一団となって行う大集団体操（マスゲーム）を観覧した金日成に花束を捧げる役に選ばれた彼女は、金日成との記念写真に収まるという最高の「名誉」と「幸福」に恵まれた。

そのとき、金日成は、同行してきた党幹部たちに、

「この子が、あの歌劇『錦繍江山』で幼い主人公の役を演じた子か。すっかり一人前になったんだね」

と、褒め言葉を残した。おかげで彼女は、一九八五年、北朝鮮の青年にとって最高の栄誉である「金日成青年栄誉賞」を受賞、平壌音楽舞踊大学声楽部に特待で入学した。

学生時代、彼女は外使公演（外国の首相や最高委員のために行う公演）にもたびたび参加して、国家首相たちから記念品をもらったりもした。

彼女の華やかな経歴について話せばきりがない。国宝的存在となったため、彼女の家族もその栄誉に浴し、家にはテレビや冷蔵庫やテープレコーダーなどもあった。党の幹部たちだけが出入りできる、南山診療所の診療券まで発給してもらっていた。

その彼女が、やがてロージャン労働区で悲惨な目にあうことになるなど、一体誰が想像しただろう？

ともあれ『接見者』には、それほどの特権がついてまわるのである。

僕の恋

僕の恋人・玉花の両親は孤児だった。

二人がわが家の隣で世帯を持ったとき、僕の両親は、物心両面で協力を惜しまなかった。彼女の家は二階の二号、僕の家も二階の二号だったので、ことあるたびに窓を開けて、

「玉花ちゃんのお母さん、早くいらっしゃいって」

「お兄さん、早く来てご飯食べてよ」

と、兄妹のように仲よく暮らしてきたのだった。

彼女がいつから僕を「お兄さん」と呼ぶようになったか、僕は覚えていない。が、僕の使い古しのおむつをそのまま彼女が使ったと聞くから、生まれたときから実の兄妹のように育てられたのだろう。それにしてもお古のおむつを使うほど、北朝鮮の庶民の暮らしは当時から貧困のどん底にあったのである。

ともかく、末っ子の僕と長女の彼女とは、年が近いせいか仲がよかった。成長してゆくにつれて、僕らにはほのかな恋心が芽生えた。

僕らが将来一緒になることは、両家の親たちの願いでもあった。

「おまえ、玉花ちゃんをお嫁にもらうんだろ」

「あんた、お嫁にいったら、お兄さんなんて呼んじゃあだめよ」

二人は幼年時代から、暗黙のうちに将来は夫婦になると定められていたのだ。

高校生になると、僕らは親の目をごまかして平壌の大成山の遊園地や万鏡台《マンギヨンテ》遊園地、牡丹峰《モランボン》や映画館、ボート乗りなどに出かけて行った。僕がうるさくてもてあますほど、彼女はいつも僕と一緒にいたがった。自分の親に話せないことでも、彼女は僕にだけは打ち明けてくれた。

彼女がいくら『接見者』で、一般庶民には一生の夢である「金日成との記念写真」を撮り、外国公演に出かける桁《けた》違いの人気者でも、僕らの間では何の問題もなかった。

金日成の教示により、国際舞台で縦横無尽に活躍していても、僕の前では、彼女は無邪気な可愛い娘だった。

玉花にはライバルがいた。一流保全保護者楽団の新人歌手（七二年生）でかつ人民俳優の全恵英《ジョンヘヨン》である。彼女と競い合って、玉花はしばしば虚脱感に落ち込んだ。

というのは、大家族の全恵英の家は後援者が多いのに対し、孤児の両親を持つ玉花には両親以外にこれといった後援者がいないからで、そのため、彼女はますます僕を兄代わりとして頼るようになっていた。

僕の学友は皆、玉花の美しさにまいっていた。玉花の母親が、娘の気を紛らすために、沢山《たくさん》の友達を家へ呼ぶことを望んだので、僕はよく学友を彼女の家に連れて行った。そのくせ彼女が学友たちになつくと、僕は嫉妬《しっと》して、彼女に喧嘩をふっかけたりもした。

僕らが、お互いを異性として意識したのは、僕が人民軍に入隊する前夜のことだった。

彼女は夜を明かして泣きじゃくった。いくらなぐさめても泣きやまなかった。

「玉花ちゃん、男というのはな、兵役を終えなきゃ一人前の人間になれないんだ。わかってくれよ。いつも俺と一緒にいると思って、一生懸命に生きてくれよ」

僕だって本心をいえば、彼女を連れて、どこかへ逃げてしまいたかった。

彼女はいきなり僕に抱きついた。すがりついたまま、なおいっそう激しく泣きじゃくる。僕は子供をなだめるように、やさしく抱きしめ、背中をたたいてやった。

「玉花ちゃん、泣くんじゃない。しっかりして」

「だって、……私……頼りない……身になっちゃうもの」

「玉花ちゃん……」

「お兄さん……もっとしっかり抱いて……私……お兄さんのことが……」

「わかってるよ。僕も玉花ちゃんのことが好きだ」

「うれしい。ね……キスして」

「玉花ちゃん……」

僕らは、初めての、そして別れのキスをした。彼女はそれ以上のことを望んでいたのかもしれないが、鈍かった僕は気づかなかった。

出発の朝、彼女の母は私の母より悲しそうに泣いた。

これは心細さのせいだった。弟がいるだけで、あとは女姉妹ばかりの彼女の家では、僕を実の息子のように思って頼りにしていたのである。僕は弟の宿題も見てやったし、石炭粉で練炭を作るときは友達を呼んできて手伝ってやったし、配給の日には、決まって自分の家の米袋と合わせて、彼女の家の米袋も担いで帰った。

しかし僕が人民軍に入ったら、一体誰が練炭を作り、配給米をとりに行くのか？

僕は心配でならなかった。

玉花は僕を見送りに来なかった。平壌の大同江《テードガン》駅で、僕は彼女の姿を探しまわった。彼女に見送りに来てほしいという気持ちの裏には、集まってくれた友達に自慢できるという身勝手な期待も混じっていたが……彼女はとうとう来てはくれなかった。

情けなかった。

僕は汽車に乗った。

汽車は、汽笛を鳴らしながら動きだした。

恋人を置き去りにして、僕を乗せた汽車は遠のいて行った。

僕が彼女と再会するのは、それから二年後のことである。

恋人との再会

玉花はもともとハツラツとしたお嬢さんだった。いってみれば北朝鮮の新世代女性。外向的だが、僕の前では純朴でやさしく、ときには甘えん坊の駄々っ子にもなる可愛い娘。僕は軍服務中の一番辛い二年間を、彼女の励ましの手紙に力づけられ、どうにか乗り越えることができたのだった。

二年後、帰りたい一心で上役に袖の下を使い、ようやく休暇をもらって故郷に帰った僕は、真先に彼女が出演する劇場へ駆けつけた。入口で係員に彼女へのメモを手渡し、僕は胸を高鳴らせて客席についた。

二年の間に、彼女はどんなに変わったろうか？

前奏が鳴り響き、淡いピンクのスポットライトを浴びて登場した玉花の、なんと美しかったことか！　二年前の垢抜けしない女子大生の面影は消え、すらりとした粋なスタイルの彼女が舞台に立つと、突然劇場の中が明るくなったように見えた。

彼女も僕を探しているのか、しきりに場内を見まわしている。

やがて歌がはじまり、僕は彼女の歌にうっとりと聞きほれた。いつ終わったのか、幕が下ろされ観客が席を立ちかけたとき、幕の横から玉花が駆けだして来た。

「お兄さん！」

観客が不思議そうに玉花を見る。舞台衣装に舞台化粧のまま駆けてきた彼女に、僕は思わず手を挙げて敬礼した。

彼女は二年ぶりの再会に有頂天《うちょうてん》になった。僕を舞台裏に連れて行った。

俳優たちが先を争って僕のほうへ押しかけてきた。

「この兵隊さんが、休戦線で武装間諜を捕らえて褒美休暇をもらったっていう、君のお兄さんかい？」

僕は呆気にとられた。

〝間諜って何だろう？　僕は袖の下をちょっと使っただけなのに！〟

間諜を捕らえでもしなければとても休暇などとれないと、皆思っているのだろう。

「ええ、そうよ」玉花が得意そうにいう。「純悪質《ジュンアクチル》（朝鮮で好んで使う言葉）の間諜を捕らえて勲章をもらった私のお兄さんよ」。

彼女がもっと大げさに付け加えた。

すると彼らは一人ずつ僕に手を差し出し、握手を求めた。僕はとんでもない英雄に祭り上げられてしまったのである。

「おめでとう、間諜を捕まえた英雄トンジ！」

「純悪質だって？　怖くなかった？」

「えらいねぇ、一人で捕まえたのかい？」

「玉花ちゃんは、幸せね。だって間諜を捕まえたお兄さんがいるんだもの」

僕は当惑したものの、彼女のためになるならと、「英雄」のふりをすることにした。

何はともあれ、「間諜」を捕まえた「英雄」と、人気を博する新人ソロ歌手とならぴったりのカップルだ。このおかげで、彼女は同僚たちの羨望《せんぼう》の的になれたし、また特別に許可されて、二人だけの時間を楽しむこともできた。

平壌の静かなボートン川辺。

枝垂《しだ》れ柳が夜風に囁くように揺れている。

二人きりになると、僕は彼女の手を握った。彼女の体臭が心に滲《し》み込んでくる。

「玉花ちゃん……」

「お兄さん……」

我慢できなかった。こみあげてきた彼女への愛《いと》しさを抑えきれず、彼女を一気に抱きしめながら、彼女の唇に自分の唇を重ね合わせた。

「会いたかった」

「私も、お兄さん！」

朧《おぼろ》に霞んだ月明かりの下で、二人の頬に涙が流れていた。

恐るべき絶倫・軍団経理長の話

休暇をとってしばらくすると、僕は軍団作家に抜擢された。作家としての勤め先は軍団宣伝隊。宣伝隊の経理長（北朝鮮の職名。階級は下士官）は表裏のある人間で、その上ちょっと変わったところがあった。

あだ名は「お化け」。

幹部にへつらい、機嫌さえとっておけば万事オーケーなのが北朝鮮の社会だ。つまり、大げさにいえば、北朝鮮の党幹部は持ち上げておきさえすれば、女でも何でも特別の目こぼしをしてくれる。

お化けは小賢《こざか》しい男で、幹部たちの持ち上げ方の技量にかけては、彼の右に出る者がいない。献上品の数だって、一々数え切れないほどだ。

その上、お化けは色情狂だった。

一夜に四、五回はなんなくやってのける。しかも、相手をした女は疲れ果ててクタクタになり起き上がれなくなるという、評判の精力絶倫男だ。

女日照りの軍隊の中で、軍団宣伝隊だけは仕事がら女に不自由しない。米や油や豚肉など与えれば平気で両脚を広げる女たちが、北朝鮮には大勢いる。軍団宣伝隊に所属する美しい女優たちにしても例外ではない。

女優たちはお化けの変態ぶりをよく知っていたが、食料にありつくために、喜んで自分の順番がまわってくるのを待っていた。

蒸し暑い夏のある日、お化けは舞踊組の女優を誘って、密閉された事務所でセックスをしていた。猛暑だったので、密閉された事務所の中は窯《かま》の中も同然。セックスはやりたいが、セックスをやれば死ぬほど暑い……という状況に困り果てた彼は名案を思いついた。

「しめたッ」

と小躍りして、彼が視線を向けたのは冷凍倉庫だ。

お化けは冷凍倉庫の中に女優を連れ込み、米の入ったかます（わらで編んだ袋）の上で思う存分セックスを楽しんだ。

相手の女優もセックスが大好きだったので、二人は三時間で二回セックスをした。そして三回目に挑みはじめたときに、事件は起こった。

たまたま通りかかった副経理長が、冷凍倉庫のドアが開いているのに気づいて、ドアを閉めてしまったのだ。しかも、出入り口に錠をおろして、その上、シールまで張りつけてしまった。

何も知らないお化けと女優、三度目のセックスを終えて冷凍倉庫から出ようとしたとき、初めてドアが開かないことに気づいた。二人はギョッと顔を見合わせた。

警備員が冷凍倉庫の温度を下げたに違いない。いつのまにか、中の寒さが厳しくなっている。

「助けてくれッ」

二人は大声でわめいた。が、ドアが分厚いので、外には届かない。

三時間、四時間と時間が過ぎていった。凍てつく寒さに我慢できなくなった二人は、体温が下がらないように体を動かさなければと、吊るしてある肉の塊を他の場所に移動しはじめた。しかし、これもすぐに断念してしまった。

凍りついた体をさすり、歯を食いしばって体の震えと戦っていたお化けが、突然顔を上げた。悲壮な顔でいう。

「おい。どうせ死ぬんだ。それなら思う存分やってから死のう」

お化けの精力はギネスブックに載るに違いない。

彼は倒れている女優を仰向けにして、最後のセックスの儀式にとりかかった。すでに女優の意識は朦朧《もうろう》としている。彼自身の意識も薄れかかっていた。

「たとえ、こんなみじめな有り様で死んだとしても、まあ、好きなことを思う存分やりながら死んだと思えばあきらめもつくさ」

お化けはセックスをしながら気を失った。

ところが、人間の運命とはわからないものだ。

ちょうどそのとき、助け船が現れたのである。

歩兵部隊の軍人が夜陰に乗じて、冷凍倉庫の壁を突き崩していたのだ。お化けを救い出すためではない。北朝鮮では珍しくない、ありふれた壁蹴り（北朝鮮で使われている言葉で、壁を突き崩して盗みを働くことをいう）のベテランたちだった。

倉庫の壁を崩して入ってきた彼らは仰天した。豚肉の塊だとばかり思って近づくと、なんと人間の塊が転がっているではないか。それもセックスの最中、そのままの格好で失神しているのだ。

泥棒は、そのあまりに情けない格好に思わず爆笑しそうになった。が、笑いを堪え、米のかますと肉の塊を担いで悠々と消え去った。

泥棒のおかげで、お化けと女優は死を免《まぬか》れ、命拾いをしたのである。

この事件は上層部に報告されたが、彼がこれまで党の幹部たちに使ってきた袖の下が威力を発揮して、罰は免れたということだ。

鹿狩り事件の顚末《てんまつ》

あるとき、「お化け」こと経理長と僕は、一緒に組んでとんでもないことをやらかしてしまった。

僕とお化けは仲がよかった。言葉遣いが悪いので不愉快になるときもあったが、反面、男らしくあっさりした性格が気に入っていた。彼も僕にはいろいろと力添えしてくれた。

ある夜のこと。彼は寝ている僕を起こして、

「ドル稼ぎに行こう」と誘った。

訳もわからぬまま、僕はお化けとともにスコップを担いで、薄気味悪い共同墓場へ出かけて行った。

お化けが人間の墓を暴いて、一体どうするつもりか？ それもこんな真夜中に……。

僕はゾッと鳥肌がたった。冷や汗をかき、足も震えている。

すると、お化けはいった。

「墓を暴くと昔の陶器や遺物が出てくる。金持ちになれるぞ」

一時、北朝鮮では、墓の盗掘が流行った。

金の仏像や青磁気や風景画や家宝など、昔の遺物を掘り出して外国人殊《こと》に日本人、あるいは中国人などに売ると五〇〇ドル以上で売れる。五〇〇ドルといえば北朝鮮では大金だ。

僕らは一攫千金《いっかくせんきん》を狙って墓を暴いた。

この晩は失敗したが、五回目と六回目に成功した。

これに味をしめて、僕らの悪事はエスカレートした。

一九九〇年四月。お化けと僕は鹿狩りに出かけることにした。

肉類の足りない北朝鮮人民軍では、ろくなおかずが食べられない。鹿の肉などめったに食卓にはのらない。そこで鹿狩りとなったのだ。

お化けは僕にAK小銃（自動小銃）を持たせてくれた。僕らと運転手、もう一人の同僚の四人が組んで、軍輸送車両の「カマッ（輸入戦闘車）」に乗り込んだ。目指すは黄海道の九月山《クウオルサン》の谷間。

ライトを切って鹿がいそうな所に隠れる。いきなりライトをつける。ビクッと鹿が顔を上げ、視野に僕らを捕らえる瞬間、三人の射手が一斉に連発射撃するのだ。捕獲した鹿は一晩に三〇頭。凱歌《がいか》をあげて帰隊する僕らの姿は、凱旋将軍そのものだった。

鹿肉を武力部幹部、総政治局の幹部、軍団幹部に分けてやり、残りの肉で焼き肉パーティをする……荷台の半分を埋め尽くした大量の鹿をながめ、お化けはすでに狸の皮算用をしていた。

ところが、ここで問題が起こった。

静まり返った真夜中にあちこちで銃声が響き渡ったため、黄海道の警察署が大騒ぎをはじめたのだ。全国に非常警報のサイレンの音がけたたましく鳴り響いた。

運悪く、僕らが銃を乱射した場所は、金日成の別荘の裏山だったのである！

安全員（警官）が車をストップさせた。

軍隊の車は安全員には取り締まることができない。僕らが癇癪《かんしゃく》を起こすと、安全員は荷台に一瞥《いちべつ》をくれて、黙って通過させてくれた。

僕らは全速力で疾走し、兵舎に戻って、勝利の祝宴をあげた。

そこまではよかった。問題はこの後である。突然、北朝鮮保委部の高級軍官（中佐以上の将校）たちが現れ、僕らに手錠をかけた。

後でわかったことだが、車の荷台を見た安全員が、車両番号を書き取って中央党に報告したのだ。幸い金日成には、報告されなかったが、この事件で僕は保委部の拘置所に拘置される身となった。

よりによって金日成の別荘の裏山で、連射射撃しながら三〇頭もの鹿を捕獲したのだから、保護動物に規程されている鹿を狩猟したというだけでなく、反党輩の武装襲撃の罪で取り扱われる恐れがあった。

「金日成別荘武装襲撃組」という大げさな罪名で起訴された僕らは、二ヵ月間、死にそうな拷問を受けた。自供書を書き、挙げ句は、どのスパイの指令を受けてそんなことをやったのか正直に自白しろと迫られた。

僕はもうこれでおしまいだと思った。

しかしおしまいにはならなかった。お化けのおかげである。お化けがこれまで幹部たちをまめに手なずけていたために、僕らは釈放されたのである。

これはひとつには「お化け」の奔走の賜物《たまもの》、もうひとつは僕の家族はもとより、僕の恋人・玉花とその家族の助力のおかげだった。

彼女の家族は、僕の救命運動のために袖の下を使って哀願するわ、あらゆる手段を使って関係者を口説き落とし、不名誉除隊を免れるよう駆けまわってくれた。ことに彼女の父親にいたっては、党秘書という世間体など構わず、渾身《こんしん》の助力をしてくれた。このとき、彼女の父親が上級党委員会からこっそり持ち出して、袖の下に使ってくれたドルは相当な金額だったという。

釈放にはなったものの、軍団作家から除名され、どん底に陥った僕を見て家族は落胆したが、不名誉除隊の発令を待ちながら事務の引き継ぎをしていると、突然上層部から召喚命令が下された。

除隊命令ではなく召喚命令である。

僕は首をかしげた。が、ともあれ、新たな出発だ。

僕は召喚命令にしたがって、国家保委部工兵七総局の所属作家となった。

一年後、さらに警備隊から武力部への異動があり、平壌演劇映画大学に委託入学することができた。社会的に抹殺されるはずの僕が、夢のような幸運に恵まれることになったのである。運命の女神は、まだ僕を見放さなかったのだ。

精神的恋《プラトニツクラブ》

その後、僕は軍団作家に抜擢された。

おかげで、たびたび平壌を訪れることができるようになった。

平壌に戻るたびに、僕と玉花は夢のような愛の言葉を囁き合った。大学生の制服ではなく、ピンクのブラウスとスカートに白いヒールの彼女が、僕と肩を並べて歩いていると、道行く人々の視線が一斉に僕らに注がれた。それほど彼女は美人だった。

一九八九年、平壌で催された「第十三次世界青年学生祝典」開閉会式の行事に参加した彼女は、「鳩の踊り」を踊りながら歌った。僕は「人民軍代表」に選ばれて、美談の取材及び作品創作のため、その年はほとんど平壌で暮らすことになった。

恋愛は僕に、さまざまなことを教えてくれた。彼女の囁く愛の言葉、愛の歌は、僕に生きる喜びと人生の目的を感じさせた。今や僕たちの間には、何の憚《はばか》りもなかった。

ある日、ボートン川辺の芝の上に二人で寝そべっていたとき、僕は彼女に聞いてみた。

「玉花ちゃん、本当に、僕が好き？」

「好きっていったら？　昔みたいにおぶってくれる？　抱っこしてくれる？」

無邪気な彼女があまりに愛らしくて、僕は思わず抱き寄せてキスをした。

かつて、僕はよく彼女をおぶってやった。幼い頃の彼女は、いつも「おんぶしてよ」と駄々をこねた。

「おぶってくれないなら、あたし、ここから絶対に動かない」

道端にうずくまって、せがんだものだ。大学生になっても、二十四になってもまだ「おんぶしてよ」とせがむ彼女に、僕はクンエギ（大きくなった子供の意味。大人になっても子供みたいに甘えたがる女の子の愛称）というあだ名を進呈したこともある。

この頃の僕らは、せいぜい抱き合うか、キスをするだけだった。セックスなど考えられなかった。チャンスはいくらでもあったのだが……僕たちは、抱擁《ほうよう》だけで十分に幸せだったのである。

僕は、彼女を三度殴った

僕はたまらなく玉花を愛していた。

それなのに僕は、三度、彼女を殴った。

一度目は一九九〇年八月。平壌で……。

「この汚らわしい売女め。党幹部の息子がそんなにいいのか？」

こう叫んで、僕は彼女の頬を引っぱたいた。

後で誤解だとわかったが、彼女が中央軍事委員会の副部長の息子と逢い引きしているのを見つけたからである。

二度目は一九九二年二月。ヤンガン道で……。

「体を奪われてまで、命乞いをしたのか？」

僕はみじめな気持ちで彼女を殴った。

ヤンガン道党責任秘書の書記に、彼女が体を奪われたときのことだ。

三度目は一九九三年七月。これもヤンガン道で……。

「どうして死ぬなんていうんだ？　僕を残して一人で死ぬっていうのか？　臆病者め、僕はどうすればいいんだ？」

殴らなければ、僕がおかしくなっていただろう。

このとき……僕はようやく彼女の自害を押しとどめた。

一度目に殴った話

一九九〇年の夏のことである。

鹿狩り事件が一応の解決をみて、拘置所から釈放されたものの、除隊指令を待って悶々《もんもん》としていた頃、僕の神経を逆撫《さかな》でする出来事があった。

音楽大の友人から、おかしな内容の手紙を受け取ったのである。

「玉花とある党幹部の息子が怪しい……」

そんな内容の手紙だった。

精神的にピリピリしていたせいもあるが、僕は激怒した。玉花は僕の彼女だ。その彼女の裏切りは許せなかった。

僕は友人を訪ね、詳しい話を聞いた。

友人の話によると……玉花はしばらく前から中央軍事委員会副部長の高官の息子に魅かれていて、二人は夜毎、彼の父親のベンツに乗って遊びほうけているというのだ。

高官の息子は平壌国際関係大学の学生。やつは、講義が終わると、車ですぐに彼女の大学まで迎えに行くのだそうだ。

僕は頭にきてどうにかなりそうだった。その反面、心のどこかで、彼女は絶対に僕を裏切るようなことはしないと信じてもいた。

『きっと、ただ党幹部の息子とつき合ってみたいっていう、一時的な衝動に過ぎないさ』

ともかく、僕は彼女に会おうと思った。会わなければならないと思った。

久しぶりに彼女の家に行った。

彼女の両親は、散々な目にあった僕の労をねぎらうために、美味しい料理を調《ととの》えてくれたが、心配事のある僕は、とても食事が喉を通らなかった。

夜一一時が過ぎても、彼女はまだ帰って来ない。

僕の脳裏に、いまわしい妄想が湧き上がった。

それはこんな妄想である。

彼女と党幹部の息子が、僕らがいつも愛の言葉を囁きながら、将来の設計を話し合っていたまさにその場所で、愛し合っている。

やつは彼女にキスをする。欲情にかられ、彼女のスカートをまくり上げて下着の中に手を入れる。ビーナスの丘をまさぐる。指はさらに茂みをもぐり、割れ目の入り口へ。割れ目がしっとり濡れていることに気づいたやつは、自分のズボンを脱ぎ捨てる。そして彼女を押し倒す。彼女はやつに体を任せ、その首根っこにすがりつく。やつが下着を脱がそうとすると、彼女はそっと尻を持ち上げる……。

「くそ！」

そのとき、ドアがパッと開いた。

悪夢から目が醒《さ》めた。

玉花が帰って来たのだ。

「あら、お兄さん、いつ来たの？」

明るい笑顔で近づいてきた彼女を見ると、とんでもない悪夢にさいなまれていた胸のしこりが、きれいになくなっていった。

「お兄さん、苦労したのね？　何だかやつれたみたい……」

彼女の声に、うしろめたさはなかった。その眼差しには愛があふれている。

『まさか……彼女にかぎって、他の男と肌を重ね合うなんて……』

それでもまだ、僕の脳裏のどこかにさっきの悪夢がこびりついていた。

僕は彼女を引っ張って、隣の部屋に行った。嫉妬が僕をあおり立てている。

「おい、正直に答えてくれ。君がこの頃、誰かとつき合ってるって噂はほんとうかい？」

彼女は平然として、

「違うわ」

「嘘じゃあないだろうな？」

「何で、私が嘘をいうの？」

その夜はそれで終わった。

数日が過ぎた。

ところで、例の鹿狩り事件については、また議論が巻き起こっていた。僕だけが釈放されたので、起訴された他の家族から抗議の声があがったのである。

「なぜ、うちの子だけが刑務所から出られないのさ。おかしいじゃあないか」

というわけである。中には、中央党にいいつけると脅かす者もいる。

しかし僕だって、釈放はされたものの、今後の処分がまだ決まらない。身の危険はいまだつきまとっているのだ。

焦燥ばかりがつのって、イラついていたある日、またまた不愉快な知らせが届いた。

彼女と同じ大学の友人が僕を訪ねて来て、例の党幹部の息子と彼女を含む幹部の息子たちが皆で、遊園地に遊びに行ったというのだ。

頭に血がのぼった僕は、今度は物証をつかんでやろうと考えた。

『ついでにやつを痛い目にあわせてやろう。もちろん、彼女もだ』

僕は友人たち三人に助太刀《すけだち》を頼んだ。もともと親しい友達だから、僕の頼みなら何でも聞いてくれる。

僕も友達も現役の軍団作家だ。僕らは具体的な計画を立て、やつらの後をつけた。

場所は、平壌大成山遊園地の長寿峰《ジャンスボン》という風光明媚《ふうこうめいび》な場所だ。僕らは、軍人がぶらりと遊びに来た、という様子を装って、彼らの側に近寄った。

彼らは全員富裕な家庭の息子たちだ。それだけに、皆、豚みたいに太っている。持ち寄った食べ物も一般庶民ではとても手が出ないものばかり。

男子が五、六人。女子が三、四人。にぎやかに食べ物をひろげた一行の中に、玉花の姿は見えなかった。

『ひょっとしたら谷間の奥深いところで……』

不安な考えが浮かび上がると、僕の体は、思わず怒りに震えた。

しかし、僕はまさか本当に人気のない場所で、二人が抱き合っているとは思わなかった。

「おい、あそこだ」

一人の友人が僕を手招きする。

僕は一目散に駆けつけた。

「畜生！」

頭がカッカした。

自分がどんな形相《ぎょうそう》で二人の側へ駆けつけたのか。どんなふうにやつの襟元をひっつかみ、また、いつの間に握りしめた拳で顎《あご》を狙って殴りつけたのか……僕には何がなんだかまったくわからなかった。

友人たちも飛んで来て、やつの体を殴ったり、蹴ったり。

四人がかりでやつを袋叩きにした。

「お兄さん！　やめて！」

玉花は、転倒したやつの体の上に身を投げて、必死でかばおうとしている。それがまた僕の怒りに油を注いだ。

「玉花ッ。お前ッ、そんなにこいつが気に入ったのか？」

　そのとき、やつの仲間が駆けつけて来た。

　ビール瓶やこん棒を手にして僕らを取り囲んだやつらは、殺気を帯びていた。

　僕らは四人、やつらは七人。

　やつらの中の一人が肩を怒らせて、

「てめえら、誰だ？　てめえらなんぞ、トラック一杯押しかけてきたって、ちっともこわかぁねえや。痛い目にあいたくなければ、さっさと消え失せろ」

「てめえらこそ、生意気なことをいうんじゃねえ」

　僕は彼らをよく知っている。狙撃兵出身で、一人で一〇人くらいは一気にやっつけるやつらだ。ところが、一人が鼻血を出し、もう一人が頭から血を流しているのを見ると、やつらはあたふたと逃げ出してしまった。

　僕は恋人に裏切られたと思い込み、憤怒のあまり地べたにうずくまっている高官の息子を力いっぱい蹴飛ばした。半殺しになるまで殴り続けた。

　すると、玉花は泣きながら、僕の足元にしゃがみこみ、やつの鼻血を拭ってやった。

「すみません」

玉花はやつに謝った。

彼女の言葉で、僕の堪忍袋の緒が切れた。

僕は彼女を情け容赦もなく殴り飛ばした。

「この汚らわしい売女め。党幹部の息子がそんなにいいのか?」

これが、愛する彼女を初めて殴った痛恨の一瞬だ。

彼女はサッと向きを変え、僕をにらみつけた。

「お兄さんのバカッ」

パッと身をひるがえして、走り去る。

僕は呆然と彼女の後ろ姿を見送った。

突然、何がなんだかわからなくなった。緊張していた体がぐにゃぐにゃに溶けてしまいそうだった。

そのとき、半殺しにされた高官の息子が、苦しそうに顔を上げた。

あえぎあえぎ僕に向かって、

「トンムが玉花トンムのお兄さんですね。トンムは、ほんとにバカですよ」

やつの言葉を聞いて、僕はまたやつを突き飛ばしてやりたい気持ちになった。が、黙ってやつをにらみかえす。

するとやつはいった。

玉花が、中央軍事委員会副部長の息子である彼とつき合ったのは、僕のことを父親に頼んでもらうためだったというのである。彼は彼女のために、僕の助命嘆願をした。それが功を奏して、鹿狩り事件は上層部まで報告されずにすんだ。つまり僕は、彼の父親のおかげで釈放されることになったというのだ。

僕は、本当にバカだった。

彼女の配慮にも気づかず、軽率な行動をしてしまったのだから……。人でなしと蔑《さげす》まれてもしかたがない。

僕は高官の息子に心から謝罪をした。

彼は僕を許してくれ、私たちはのちに親友となった。

僕は彼女にも謝って許しを請うたけれど、彼女は、自分のほうが悪かったと謝った。

この事件があった後、僕たちの恋心はさらに高まり、僕らは美しい愛の花をいつまでも咲かせておこうと、もう一度誓い合った。

二度目に殴った話

玉花一家がヤンガン道の山奥に強制移住させられたことを知って、やむにやまれず訪ねた僕は、そこで玉花と初体験をすませた。

しかし、当時の僕には、彼女を救い出す手だてがなかった。

僕は後ろ髪をひかれる思いで平壌に戻った。

しばらくして、玉花から手紙が届いた。


「お兄さん、あれからどうしていますか?

華やかな夢で一杯だった平壌を離れ、山奥の離村に来て、早くも四ヵ月の月日が過ぎました。

鍬《くわ》が何か、薪は何で割るか、ご飯はどう炊くか、豚にはどんな餌をやったらいいのか、そんなことさえ知らなかった私が、昼間は鍬を手に働かなければならないし、薪だって私が割らなければならない暮らしをしています。

この頃は、手のひらに水膨れができ、痣《あざ》だらけになりました。これではもう、ピアノを弾くこともできないでしょう。

テレビで見ていたときには可愛いと思っていた犬や豚が、ここではとても怖くて、夜になると布団の中にもぐり込んで震えています。

『苦労』というものが、今頃になってどんなものかわかりました。

華やかな舞台が懐かしくてたまりません。観客の喝采の声をもう一度聴くことができたら……。

大学の校庭、ピアノ、友達、そしてお兄さんと散歩をした遊園地……みんなみんな懐かしいものばかり。それに何より、私はお兄さんが恋しくてなりません。

でも、私はきっとこの苦難を乗り切ってみせます。

党の信任を裏切ってしまった父の誤りを、娘の私が千倍万倍にして返し、いつかきっと党の忠実な革命家になれるように。これからはそんな覚悟で生きていきます。

お兄さんも私のことは忘れて、立派な演出家になってください。さよなら。

お兄さんの妹　玉花」

ヤンガン道労働鉱山は、平壌市をはじめ主要都市から、思想が不健全な、または、間諜の関連家族、越南帰順者家族などを強制的に移住させ、収容所も同然の生活を強いて銅を採掘させるところだ。とても人間が住むような場所ではない。

平壌市内に出ようとすれば、一〇里以上も歩かなければいけない。

病気になっても医者がいないから、塩水や湿布で治療するのが精一杯。

それこそ、地獄さながらの暮らしである。

ここで彼女に要請された仕事は、車の輪を整備することだった。輪一つの重さだけでも一〇キロはある。これを両肩に担いで運び、ピアノを弾いていたかぼそい指で、グラインダーに当て錬磨しなければならないのだ。

強制移住させられて一年の間に、彼女の指は凍傷にかかり、きれいな顔は鉄のスクラップで傷だらけになっていた。

しかもここは山奥なので、冬は想像を絶する寒さだ。

過酷な労働と寒さのために、玉花はすっかり体をこわし、顔色の悪い、やつれた容貌に様変わりしていた。たった一年で五歳も一〇歳も年をとってしまった。しかしそれでも、彼女が目をみはるような美人であることに変わりはなかった。

ヤンガン道労働鉱山の近くに、山賊の巣があった。人家に押し入って食べ物を強奪したり、女をつかまえて強姦したり、そんなことを平気でしている暴力集団である。

彼らが、平壌から送られて来た界隈《かいわい》一の美女・玉花を見逃すはずはなかった。

玉花の父親は山賊の噂を耳にしていたので、警戒を怠らなかった。彼らが玉花に目をつけていると聞くと、夜はライフルを肩に担いで家の近所を巡回して、寝ずの番をした。

思うように忍び込むことができず、目当ての玉花を手に入れることのできない山賊どもは業《ごう》を煮やし、ある夜とうとう、四方から火をかけ、家を焼き尽くしてしまった。

焼け出された一家は悲惨だった。

それでなくても食料がない上に、家や畑、豚を焼かれ、すっからかんになってしまったのである。

しかし、決められた労働を怠るわけにはいかない。一家は焼け跡に掘っ建て小屋を建て、それでも何とか隣家の残飯で飢えをしのいで、強制労働に励んだ。

そんなある日、突然、党の秘書と名乗る壮年の男が現れた。

前述したように、玉花は『接見者』だった。新人歌手として活躍していた頃、金日成と一緒に写真を撮るという栄誉にも恵まれた。

党秘書はその写真を見て、彼女を探し、はるばる慰問に来たのだという。

彼は大量の米や肉を持って来てくれた。

地獄に仏とはまさにこのこと、玉花一家は大喜びをした。玉花自身も、のちに僕に語ったところによると、この党秘書がまるで後光を背負った神様のように見えたという。

それからも、党秘書は何度か労働区へやって来た。来れば必ず、玉花一家にもなにがしかの食料を届けてくれる。党秘書は地区の管理人の家で、軍人、党の関係者を集めて宴会を催すこともあり、その席に母と一緒に玉花も酌婦《しやくふ》として呼ばれることがあった。

ある晩、党秘書からの呼び出しがあった。

この日母は、これも党秘書の依頼で、昼間から別の地区へ一泊の予定で遣いに出ており、父も急ぎの仕事に駆り出されていたので、玉花は一人で管理人の家へ出かけた。

いつものように、管理人の家では、軍服姿の男たちが集まって酒盛りをしていた。

党秘書は玉花にも酒を勧めた。何度も何度も勧める。党秘書は一家の恩人だから、嫌と断るわけにもいかない。玉花は飲めない酒を浴びるほど飲ませられ、すっかり酔っぱらってしまった。

党秘書に抱かれるようにして、どこかへ連れだされたのはかろうじて記憶しているが、その場所がどこか、彼女にはわからなかった。敷物を敷きつめた小さな小屋で、党秘書と彼女以外誰もいなかった。

党秘書はそこで突然変身した。彼女に襲いかかったのである。

酒臭い息が顔にかかり、ぬるぬるした舌が彼女の唇を押し入って、脂ぎった指がかぼそい体をまさぐる。悲鳴をあげて逃げようとしたが、足がいうことをきかなかった。

彼女は衣服をひきはがされ、敷物の上に押し倒された。どうすることもできなかった。

党秘書がズボンを下ろし、彼女の上にのしかかってくるのを、暗澹《あんたん》とした気持ちで見上げていた。

意識が戻ったとき、彼女は労働区内の、診療所とは名ばかりの、医者もいない廃墟のような建物のベッドの上に寝かされていた。

両親が心配そうに彼女の顔をのぞきこんでいる。

驚いたことに例の党秘書もベッドの脇にいて、何ごともなかったかのようにすました顔で、両親に「彼女が酒を飲みすぎて気分がわるくなった」と説明していた。

玉花の両親は何も気づかなかった。

彼女も両親には何もいわなかった。

体の回復を待って、玉花は家に帰り、いつもの労働に戻った。

党秘書の足は次第に遠のいて行ったが、その頃までに、玉花一家は何とか以前のような……といっても、平壌にいた頃とは雲泥《うんでい》の差、相変わらず貧困にあえぎ、労働に追われる日々ではあったが……家を焼かれる前のような暮らしに戻っていた。

僕が彼女からこの話を打ち明けられたのは、幸運にも僕に新たな召喚命令が発せられ、軍の所属作家を経て、平壌大学へ委託学生として入学させてもらい、少々自由がきくようになってからのことである。

頼る者もなく、話相手もなく、寂しさに押しつぶされそうになっていた彼女は、はるばる会いに来た僕の顔を見て、思わず何もかも打ち明けたくなったのだろう。

話を聞いて、僕は彼女を殴った。

殴りながら、僕も泣いていた。

飢える寸前にあった彼女が、米と肉と、そして思いやりを示してくれた党秘書に出会い心ならずも体を許してしまったからといって、どうして僕に彼女を責められよう。

わかっていながら、僕は彼女を、

「売女！」

と罵倒《ばとう》してしまったのである。

悲しかった。悔しかった。彼女のために何もしてやれない自分が歯がゆかった。

彼女は、僕の気持ちを理解してくれた。

僕に殴られたことでかえって、彼女はいまわしい思い出を捨て去ることができたのだという。

僕はその晩彼女の家に泊まって、あくる朝、平壌へ戻った。

三度目に殴った話

僕は、平壌映画演劇大学に通いながら、シナリオライターとして演出家として軍の仕事に飛びまわっていた。

肩書は北朝鮮人民軍第九軍団芸術煽動《せんどう》隊の演出家。階級でいえば軍曹長だ。

煽動隊というのは、人民の入隊意欲を高めたり、指導者・金正日への忠誠を鼓舞するための映画や芝居を制作する部隊で、僕はその任務に携わっていたわけである。

軍隊の兵舎に閉じ込められ、訓練に明け暮れていることを思えば、自由に動けることは大変な幸運だ。

暇を見つけてはヤンガン労働区を訪ね、玉花に会うことができるのは、何よりの喜びだった。

しかし反面、彼女に会えば会うほど、僕の焦燥はつのった。

労働に追い立てられている彼女は、会うたびにやつれてゆく。わずかな時間に会うだけではろくに話もできないし、厳寒の山奥なら、夜間にこっそり表へ連れだすわけにもいかないから、粗末な小屋の中で、彼女の両親も交えて話をするのが関の山。

僕は何とか彼女を平壌へ連れ戻したいと、そればかり考えるようになっていた。

彼女を平壌に連れ戻すには、結婚するのが一番だ。しかし僕は軍団作家で、しかも委託学生の身だから、結婚などとうてい許されないだろう。

そこで僕は、名案を思いついた。

僕の上司であり友人でもある男に頼んで、彼女と偽装結婚をさせるのだ。

友人の許可を取りつけた僕は、彼女を説得して二人を結婚させた。友人の妻となって平壌へ戻った彼女は、僕と同棲をはじめた。

僕の人生において、最も幸せな愛の日々……しかし、この幸せは長くは続かなかった。

三ヵ月ほど経ったある日、党幹部が僕らの愛の巣にやって来た。

「おまえたちは党を欺《あざむ》いたな」

党幹部は「追って沙汰をする」という恐ろしい言葉を残して帰って行った。

僕らは震え上がった。二人の関係が党にバレてしまったのだ。どんな制裁があるかわからない。

このときである。玉花は遺書を書いた。自殺して自分がいなくなれば、僕は助かると見越してのことだ。

遺書を見つけた僕は、彼女を殴った。

一度目と二度目が嫉妬から殴ったとすれば、三度目は彼女への激しい愛ゆえに殴ったのである。

彼女を失ってなるものか！

僕は彼女を殴りながら、二人をこんなハメに追い込んだ残酷な運命を呪い続けた。

「とにかく逃げよう」

僕は家を捨て、仕事も大学も捨てた。

僕らは知人の家を転々として、党の追跡を逃れた。

あれはいつだったか？

逃亡生活をしていたある日、玉花が僕に妊娠を告げた。ヤンガン労働区であれだけ体を酷使してきたから、とても子供は生めない、彼女はそう思い込んでいた。ところが、若い体は回復も早かったのである。

むろん、彼女は子供を生むことにした。明日飢えで死ぬか、軍に逮捕されるか、そんな絶望的な状況ではあったが、せっかく宿った命のことを思うと、とても中絶する気にはなれなかった。それに第一、僕らには中絶手術を受ける金などない。

北朝鮮の恐ろしいところは、すべての情報が党幹部の耳に届いてしまうことである。どこでどうもれたのか、玉花の妊娠は党幹部の知るところとなった。

僕らは党に拘引された。

忘れもしない、一九九四年二月のことだ。

玉花は、党幹部の指図によって強引に病院に入れられ、中絶手術を受けさせられた。

僕らの子供は、男の子だったそうだ。

その年の一〇月、僕と玉花は別れた。

党からの圧力がそうさせたことは確かだが、それだけではない。

玉花は疲れていた。

僕は自棄《やけ》になっていた。

僕らはもう、どうにもできないところまで追い詰められていたのだ。

半年も経たないうちに、僕は亡命した。万に一つの幸運を得て、今、物資と文化と自由に満ちた韓国で生活している。僕だけが、僕一人が、満ち足りた暮らしを手に入れたのである。

玉花はどうしているだろう？

生きていてくれ……と祈りつつ、北朝鮮で生きることがどういうことか知りつくしている僕は、苦い思いで唇をかみしめる。

僕の中で、祖国は日に日に遠くなってゆく。

解説——私が日本での出版を決めた理由《わけ》

高部　務

すでに十年以上前になるが、この本『北朝鮮の性』を出版した経緯を今思い出すと、思わず苦笑してしまう。

「世の中、どこの国の輩《やから》も持っている欲は一緒なんだな」

と。当時、私の経営していた出版社に、流暢《りゅうちょう》な日本語を話す、

「現地で通訳と日本語の翻訳をしています」

と名のる人物が訪ねてきた。この頃、私の社ではテレビドラマの原作を小説化したものを何冊か出版し、そこそこの営業成績を上げていた。書店でその本を見たという氏が、

「韓国でも、このドラマはヒットしたんです。ぜひ、私に版権を譲っていただけませんか。韓国に持ち帰って出版したいんです」

日本のドラマが、隣国の韓国で人気を呼んだ。その本が日本で出版されているんなら、韓国でも出してみたい。

そんな趣旨の申し入れだった。

条件云々《うんぬん》より、韓国でもこの本が親しみ読まれるならそんな嬉しいことはない。反対する理由もなく、申し出を受け入れた。最初に出した本がかなり売れたとのことで二冊、三冊と版権の契約を交わすことになり、ビジネスとしての付き合いが深まっていた。

ほどなくして、この通訳氏が、

「私の弟子に、日本語を勉強させたいんです。韓国人が日本に来て勉強するには、日本の受け入れ先がはっきりしていないと、韓国を出られないんです。御社が受け入れ窓口になっていただけるんなら嬉しいんですが」

断わる理由もない。承諾すると、何日か後に、韓国の大学を卒業したばかりという娘さんを伴《ともな》って我が社にやってきた。

それから三日後のことだ。血相を変えて、その娘さんが、我が社に駆け込んできた。

「先生（通訳氏）が、私のアパートに毎日来て、私の体を求めてくるんです。私、そんなつもりで日本に来たんじゃありません」

憔悴《しょうすい》しきった顔で、できれば力を貸してほしい、助けてほしい、と哀願しているように見えた。

男と女が、一つの目的で海を渡った。娘さんが心変わりしたのか、もしくはうまく口車に乗せられたのか。

通訳氏と、この女子学生が、韓国でどんな約束をし、どんな契約を交わして、日本にやってきたのかはわからない。

それは別としてその彼女が、どうしても日本語をマスターして韓国に戻りたい。そんな熱意が痛いほど伝わってきた。

話は逸《そ》れるが、当時、私の息子と娘がボストンとニューヨークに留学していた。

帰って来るたび、受け入れていただいているホームステイ先の家族が実に親切にしてくれる、なる言葉を聞いていた。自分の子供が、海の向こうの見知らぬ家庭で、親切にしていただいている。なら、海の向こうからやってきて、今、ここで困っている娘さんを、私が手助けしてあげることは、あたりまえのことではないか。

助け合う順番が、ちょうどいいタイミングで私の前にやってきたんだ。こう思い、

「わかった。心配することないよ。俺の会社の社員として、給料も払ってあげるから、何も心配することはない。心置きなく学校に通って勉強するといい」

この言葉を聞いていた、社員の面々は、

「話聞いていると、すっごく可哀相。社長がそういってくれるんなら、すごく嬉しいです。生活面でわからないことは、私たちがいろいろ教えてあげるから、その他のことは社長が力になってやってください」

娘さんの名前は韓良心さん。私のスタッフは、以後彼女のことを「リョウちゃん」と呼んで慣れ親しんだ。

本人は、学校に通いながら、時間を見つけては会社に足を運んでくれた。

本を読み、字を書き、ワープロを打ち、

「私、お給料いただいているんですもの、私にできることなら、何でも言いつけてください」

と。半年ほどすると、日本語を不自由しないほどマスターしてしまった。

それからは、我が社が彼女の活躍の場となった。韓国に郷《さと》帰りすると、

「これ、日本で翻訳して出すと売れると思います」

といって、その都度、韓国の書店に並んでいる本を何冊か持ってきた。内容を検討し、出版を決めると、良ちゃんは、俄然《がぜん》翻訳者としての力を発揮してくれた。スタッフの家に泊まりこみ、彼女が韓国語を日本語に訳して読む。

それを、テープに録音し、活字に起こすという手法で何冊かを我が社で出版することができた。

以来、日本と韓国のメッセンジャーとして活躍してくれた。

本著は、良ちゃんの父親が、ソウルで勤務している出版社で出した商品とのことで、「どうですか。これ、北朝鮮のスケベなことばかり集めた本なんです。読んでいると、韓国人の私たちでも驚く内容ばかりなんです。北朝鮮の現状が、表に出ている情報とは別に、裏側で起こっている、恐ろしく生々しい出来事が書かれているんです」

北朝鮮のスケベ話ばかり集めた。この一言が気に入って、一部翻訳された活字を眺めてみた。

北朝鮮社会は、成功するには、出世するには一にも二にも、党に入党することが最低条件。

入党するためには、女性は、党幹部に操《みさお》を捧げることまで、いとわない。

兵士が、戦時に、手柄を立てたり特別な活躍をしたことにより入党が許されることを「火線入党」と呼ばれる。

女性が、操を捧げて入党させてもらうことを、隠語とはいえ、同じ呼び名の「火線入党」と呼ばれていること。

北朝鮮では、運転手は、憧れの職業に値する。

食糧事情の悪い最中《さなか》穀物を運搬する際、少しずつその中味を抜き取ることもできる。

交通アクセスが悪く、五十キロ六十キロと離れた場所に行きたい場合「路上賄賂《わいろ》」を長距離トラックの運転手に払って、乗せてもらうしか方法がない。

酒、油、米などが主な賄賂になるが、品物を持てない貧しい女性は、どうするのか。自分の体を使って、目的地まで行かざるを得ない。なるほど、男の憧れの職業にちがいない。

未婚で妊娠してしまった女性は、その不謹慎な行動が、党への発覚を恐れ、ネコイラズを水に薄めて飲んだりガソリンを飲んだりして、中絶をこころみる。

今日の日本では想像を絶する出来事が、出てくる出てくる、次から次と。

日常の何の変哲もない生活の中で、自分を守るため、少しでも豊かな生活を夢見るには、即、自分の肉体を使わざるを得ない女性。

上級職についている党幹部は、自分たちの立場を利用して、食料から、自分好みの若い女性に狙いを定め、毒牙《どくが》にかけ何食わぬ顔。

僭越《せんえつ》ながら、最初の十ページほど読んだ段階で、私は「これならいける」と直感し、即座に出版を決定した。

「お父さんお勧めの本です。私も面白いと思います」

結果、ヒット商品の一冊となった。

それから十年。北朝鮮と日本との関係は、拉致《らち》問題が表面化したと思いきや、ミサイル、原子力問題などが勃発し、冷え切ったままの膠着《こうちゃく》状態で、今に至っている。

金正日の暴走。経済の疲弊から、国民は食糧不足が深刻化し、脱北者が後を絶たないなど、北朝鮮国内の混乱状況が漏れ伝わってくるが、日本国内の政治家や、上級職の公務員のやりたい放題の現状を眺めていると、権力に近い場所に陣取る人間の考えることは古今東西、まったく同じなんだ、と思わざるを得ない。

本書は、北朝鮮に暮らす人々の素直な欲求欲望を、日常生活の中の出来事として綴った一冊であるが、角度を変えると、日本の政界で繰り広げられている闇の献金問題や企業の無謀な利益至上主義となんら変わらないように思えるのは筆者だけだろうか。とても他人《ひと》事《ごと》とは思えないから残念だ。

二〇〇七年八月

（本書は一九九六年六月、ラインブックスから出版された
「実録・北朝鮮の性　改訂版」を文庫化したものです）

一〇〇字書評

切り取り線

購買動機（新聞、雑誌名を記入するか、あるいは○をつけてください）	
□ （　　　　　　　　）の広告を見て	
□ （　　　　　　　　）の書評を見て	
□ 知人のすすめで	□ タイトルに惹かれて
□ カバーがよかったから	□ 内容が面白そうだから
□ 好きな作家だから	□ 好きな分野の本だから

●最近、最も感銘を受けた作品名をお書きください

●あなたのお好きな作家名をお書きください

●その他、ご要望がありましたらお書きください

住所	〒				
氏名		職業		年齢	
新刊情報等のパソコンメール配信を 希望する・しない	Eメール	※携帯には配信できません			

あなたにお願い

この本の感想を、編集部までお寄せいただけたらありがたく存じます。今後の企画の参考にさせていただきます。Eメールでも結構です。

いただいた「一〇〇字書評」は、新聞・雑誌等に紹介させていただくことがあります。その場合はお礼として特製図書カードを差し上げます。

前ページの原稿用紙に書評をお書きの上、切り取り、左記までお送り下さい。宛先の住所は不要です。

なお、ご記入いただいたお名前、ご住所等は、書評紹介の事前了解、謝礼のお届けのためだけに利用し、そのほかの目的のために利用することはありません。

〒一〇一 - 八七〇一
祥伝社黄金文庫編集長　吉田浩行
☎〇三（三二六五）二〇八四
ohgon@shodensha.co.jp

祥伝社ホームページの「ブックレビュー」からも、書けるようになりました。

http://www.shodensha.co.jp/bookreview/

祥伝社黄金文庫

祥伝社黄金文庫　創刊のことば

「小さくとも輝く知性」——祥伝社黄金文庫はいつの時代にあっても、きらりと光る個性を主張していきます。

真に人間的な価値とは何か、を求めるノン・ブックシリーズの子どもとしてスタートした祥伝社文庫ノンフィクションは、創刊15年を機に、祥伝社黄金文庫として新たな出発をいたします。「豊かで深い知恵と勇気」「大いなる人生の楽しみ」を追求するのが新シリーズの目的です。小さい身なりでも堂々と前進していきます。

黄金文庫をご愛読いただき、ご意見ご希望を編集部までお寄せくださいますよう、お願いいたします。

平成12年(2000年) 2月1日　　祥伝社黄金文庫　編集部

実録《じつろく》 北朝鮮《きたちょうせん》の性《せい》

平成19年9月5日　初版第1刷発行
平成22年8月30日　　第2刷発行

著　者　鄭《チョン》　成《ソン》　山《サン》
訳　者　洪　英　義
発行者　竹　内　和　芳
発行所　祥《しょう》　伝《でん》　社《しゃ》
東京都千代田区神田神保町 3-6-5
九段尚学ビル　〒101-8701
☎03(3265)2081(販売部)
☎03(3265)2084(編集部)
☎03(3265)3622(業務部)
印刷所　堀　内　印　刷
製本所　関　川　製　本

造本には十分注意しておりますが、万一、落丁、乱丁などの不良品がありましたら、「業務部」あてにお送り下さい。送料小社負担にてお取り替えいたします。

ISBN978-4-396-31440-8 C0136

祥伝社のホームページ・http://www.shodensha.co.jp/